Tu ansiedad bajo control

Prácticos
Vivir Mejor

Tais Pérez Domínguez
y Sergio García Morilla

Tu ansiedad bajo control

Una guía para entenderla
y no dejar que te domine

Zenith / Planeta

PEFC Certificado
Este libro procede de bosques gestionados de forma sostenible
PEFC
PEFC/14-38-00305 www.pefc.es

Algunos de los nombres y de los rasgos característicos de algunas personas se han modificado para proteger su privacidad

Zenith, un sello editorial de Editorial Planeta, S. A.
Avda. Diagonal, 662-664, 08034 Barcelona (España)
www.zenitheditorial.com
www.planetadelibros.com

Adaptación de la cubierta: Booket / Área Editorial Grupo Planeta
Ilustración de la cubierta: © Eva Kristin Almqvist / Shutterstock
Primera edición en Colección Booket: enero de 2024
Segunda impresión: diciembre de 2024

Depósito legal: B. 19.231-2023
ISBN: 978-84-08-28286-0
Impresión y encuadernación: QP Print
Printed in Spain - Impreso en España

Tais Pérez Domínguez es psicóloga Máster en Psicología Clínica y de la Salud y Máster en Metodología de las Ciencias del Comportamiento y de la Salud con trece años de experiencia en la práctica clínica privada. Es especialista en Terapia de Conducta y Trastornos de Ansiedad.

Sergio García Morilla es psicólogo Máster en Psicología Clínica y de la Salud con formación específica en Terapia Cognitivo-Conductual, Terapia de Conducta y terapias de tercera generación. Desde hace años se dedica a la divulgación científica sobre psicología.

Ambos dirigen el equipo del gabinete de psicología Psicosalud en Tenerife, donde brindan terapia clínica de adultos, infantil y adolescente y ofrecen formación especializada dirigida a otros profesionales de la salud mental.

@psicosaludtenerife

psicosaludtenerife.com

A todas las personas que a lo largo de nuestra trayectoria profesional han confiado en nosotros y en nuestro equipo para que podamos ayudarlas. Han sido la fuente de inspiración para este libro y el motor para seguir día a día en esta profesión tan bonita.

A nuestra hija Olivia.
Esperamos que el inevitable sufrimiento que te depara este hermoso e increíble viaje de la vida sea el menor posible, el justo y necesario. Y si este tiene que ver con la ansiedad y nosotros no estamos para ayudarte, estamos seguros de que esta guía lo hará.
Te queremos mucho.

SUMARIO

PRÓLOGO

Conocí a Tais Pérez y Sergio García a través de su cuenta de Instagram. ¡Qué forma más sencilla, más clara y más sensible de hablar de salud mental!

Y en seguida compartí pantallazos con mis propios hijos.

—Chicos, esto es sentir ansiedad. Chicos, esto es lo que nunca se le debe decir a una persona que está con depresión. Chicos, esto es lo que le pasa a alguien de vuestra edad que sufre un TOC.

Y me sorprendió que los mensajes de Tais y Sergio les llegaban también a ellos... y que de cada pantallazo que yo compartía surgía una valiosísima conversación sobre salud mental.

Las urgencias psiquiátricas en niños y adolescentes se han duplicado tras la pandemia; vivimos una auténtica avalancha de jóvenes que acuden a nosotros desbordados por el miedo, por la ansiedad, por la angustia e incluso por ideas suicidas. Cada año se suicidan en nuestro país entre 7 y 8 personas, y una de ellas es un joven o un adolescente.

¿Qué estamos haciendo mal como sociedad, como sanitarios, como padres y madres, como profesores, como gobernantes e instituciones para que cada día un joven se quite la vida?

Hablar de salud mental es más necesario que nunca porque esto también salva vidas. Porque nos han grabado a fuego que «querer es poder» y cuando no llegamos a nuestro objetivo, sucumbimos en una sensación de fracaso, de fraude y de frustración.

Normalicemos de una vez por todas que acudir al psicólogo, al psiquiatra o al terapeuta es igual de necesario en muchos casos que acudir a tu médico de cabecera cuando te duele la cabeza, el pecho o te cuesta respirar.

Aclaremos de una vez por todas que querer no siempre es poder, que el que la persigue no siempre la consigue y que estar feliz las veinticuatro horas del día durante los 365 días al año es irreal e ilógico.

Y para ello tenemos que aprender a hablar de salud mental con nosotros mismos y por supuesto con nuestros hijos, validando sus emociones, transitándolas con ellos y ayudándoles a ir poco a poco encontrando el camino que los lleve a ser personas plenas, libres y en paz.

«No es posible vivir sin ansiedad. Si esperas esto siento defraudarte, es imposible. La ansiedad estará contigo toda tu vida. Pero lo que sí es posible es no sufrir por ella», nos dicen Tais y Sergio en este maravilloso libro.

¡Y qué razón, amigos!

Gracias por escribir este manual de supervivencia emocional necesario para navegar por nuestras profundidades y encontrar la calma que todos merecemos en esta vida.

Os deseo mucha suerte.

Con todo mi cariño y admiración,

Dra. Lucía Galán Bertrand.
www.luciamipediatra.com

INTRODUCCIÓN

Imaginamos que si estás leyendo esta guía es porque sufres algún problema de ansiedad o conoces a alguien que lo sufre. En Psicosalud, nuestro gabinete de psicología, acompañamos a muchas personas que tuvieron el valor de reconocer su problema y pedir ayuda y que, poco a poco, han aprendido a gestionar su ansiedad y recuperar así su vida.

Sabemos que no es un camino fácil, pero que es posible. Por ello cuando nos propusieron escribir este libro no lo dudamos ni un segundo. ¡Queremos poner nuestro granito de arena en este tema! Así que lo que tienes en las manos es, de hecho, una guía práctica y concreta para aprender a gestionar la ansiedad y dejar de sufrir por ella. Una guía basada en años de estudio y trabajo, de formación y actualización constante, de implicación y dedicación con cada persona que nos ha confiado su bienestar. Es un libro que depura nuestra experiencia terapéutica y resume los aspectos más importantes.

A lo largo de los capítulos, y a través de vivencias de otras personas con cuyas historias probablemente te puedas identificar, podrás encontrar una explicación y una solución a tu sufrimiento: entenderás lo que te pasa, por qué te pasa, qué es lo que mantiene la ansiedad y qué puedes hacer para dejar de sufrir por ella. De manera que cuando termines de leer este libro dispondrás de herramientas muy concretas que te van a ayudar a manejar tu problema.

Ahora bien, trabajar sin la ayuda de un profesional es algo muy difícil para la mayoría de las personas. Puede resultar complicado saber cómo trasladar nuestras pautas a tu situación o cómo aplicar exactamente determinadas estrategias, técnicas o habilidades a tu propia vida, así que por favor ten en cuenta que este libro no pretende sustituir la intervención de un profesional. Al contrario, aconsejamos contar con la ayuda de una psicóloga o psicólogo especializado en el tratamiento de la ansiedad, especialmente cuando esta es grave.

Nosotros abordamos el tratamiento desde la perspectiva cognitivo-conductual (y orientaciones afines como las terapias de tercera generación o de conducta) porque son las que, a día de hoy, cuentan con la mayor evidencia científica que respalda su eficacia en este tipo de problemas y las que, según nuestra experiencia, consideramos que mejor se ajustan a estos problemas. También puede que sea necesario contar con la ayuda de alguna persona especializada en psiquiatría para compaginar la terapia psicológica con un tratamiento farmacológico.

Lo que te queremos transmitir es que leer simplemente este libro no te va a solucionar el problema como por arte de magia, sino que tendrás que practicar de forma intensiva las técnicas y las estrategias que vamos a ir enseñándote. Practicar y llevar lo aprendido a la experiencia es esencial para superar un problema de ansiedad, igual que lo es para aprender a conducir o para aprender a cocinar.

Las estrategias que vamos a abordar en este libro y su puesta en práctica requieren de una gran motivación por tu parte para superar la ansiedad. Si estás dudando, te recomendamos que elabores antes una lista lo más extensa y concreta posible de las limitaciones que tu problema de ansiedad impone en tu vida y de lo que ganarías o podrías hacer si lograras gestionarla. Cuando la tengas hecha, léela con detenimiento y luego decide si crees que merece la pena seguir adelante. Si la respuesta es afirmativa, ten la lista a mano, no la pierdas, te ayudará a continuar en los momentos en los que tu motivación decaiga. El camino puede ser largo y difícil, pero sin duda el destino merecerá todo tu esfuerzo.

¿Comenzamos?

Capítulo

1

¿SON LOS TRASTORNOS PSICOLÓGICOS UNA ENFERMEDAD?

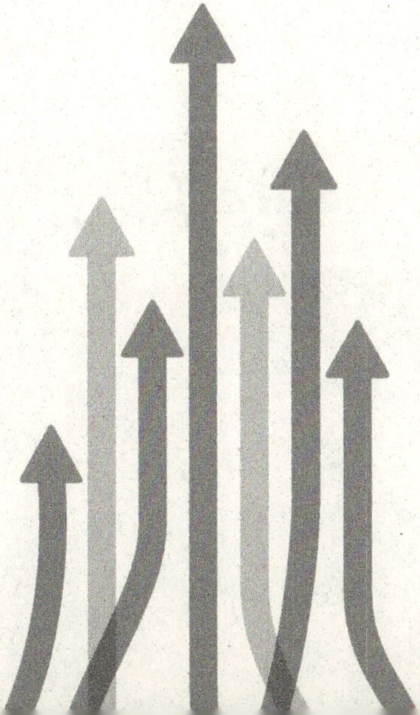

¿Te has hecho alguna vez esta pregunta? ¿Los trastornos o problemas psicológicos o emocionales son enfermedades? A diario llegan a nuestra consulta personas que nos piden alguna solución para «su enfermedad» o que nos preguntan si su problema «tiene cura».

Es posible que consideres que los problemas psicológicos o emocionales pueden ser comparables con una enfermedad física.

Esto se debe, principalmente, a que los problemas psicológicos siempre se han englobado bajo el paraguas del conocido modelo biomédico. Este modelo, que es el más usado por todos los profesionales sanitarios, define la enfermedad como la consecuencia de determinados cambios, o síntomas, de tipo anatómico, fisiológico o funcional en el organismo por la acción de agentes patógenos externos, como pueden ser virus o bacterias. ¿Qué quiere decir esto? Pues que las enfermedades tienen una causa concreta, algo específico, que las produce y también un conjunto de síntomas, igual de específicos, que las definen.

LA MIRADA IMPERANTE: SUSTANCIAS NEUROQUÍMICAS Y FÁRMACOS

El modelo biomédico señala como causa directa de las «enfermedades mentales» a los neurotransmisores, sustancias químicas presentes en nuestro cuerpo de manera natural y que actúan como mensajeros transmitiendo una señal o información de una neurona a otra.

¿Qué tienen que ver los neurotransmisores con las supuestas enfermedades mentales? Pues se considera que un desequilibrio o una alteración de los mismos, ya sea por exceso o por defecto, causaría los síntomas de dicha enfermedad mental.

En el tratamiento de la ansiedad se emplean de forma habitual dos tipos de fármacos distintos que se pautan conjuntamente: los ansiolíticos y los antidepresivos.

Respecto a los ansiolíticos, fármacos cuyo mecanismo de acción consiste en disminuir o eliminar los síntomas de la ansiedad que se relacionan con una sobreactivación fisiológica del sistema nervioso, los que más se suelen recetar son las benzodiacepinas (Alprazolam, Lorazepam, Diazepam, etc.). En este caso, los síntomas de la ansiedad se han relacionado con el déficit del neurotransmisor GABA (ácido gamma-aminobutírico). Cuando este falla, afecta a la noradrenalina y a la adrenalina, que muestran una actividad muy elevada provocando a su vez niveles de ansiedad o activación muy elevados. Estos fármacos que se recetan actuarían sobre los receptores GABA potenciándolos para que sigan trabajando de manera adecuada e inhiban la activación fisiológica que acompaña a la ansiedad.

Quizá te llame la atención que los antidepresivos se usen para el tratamiento de la ansiedad, pero lo cierto es que este tipo de medicamentos, además de para tratar la ansiedad, se usan para multitud de problemas: desde trastornos de ansiedad hasta trastornos de la conducta alimentaria pasando por control de impulsos o trastorno obsesivo compulsivo.

Su uso extensivo se basa en una de las hipótesis centrales para explicar la depresión en psiquiatría que se conoce con el nombre de hipótesis monoaminérgica. Esta hipótesis defiende que la causa del trastorno se halla en unos bajos niveles de neurotransmisores como la serotonina, la noradrenalina o la dopamina, asociados también como comentábamos antes con los problemas de ansiedad.

Teniendo en cuenta esto, para solventar el problema, se administran fármacos para compensar este déficit, aumentando la concentración de estas sustancias en el cerebro. El tratamiento estrella en la atención primaria se basa en la administración de ISRS (inhibidores selectivos de la recaptación de la serotonina) como el escitalopram, la fluoxetina o la sertralina, que en teoría aumentan los niveles de serotonina en el cerebro, un neurotransmisor que transporta señales entre las neuronas y cuyo déficit está supuestamente relacionado con la depresión y la ansiedad.

De forma general, la hipótesis es que los ISRS actúan bloqueando la reabsorción o recaptación de la serotonina por las neuronas. De forma que la serotonina que nuestro cuerpo produce de forma «natural» permanece más tiempo actuando y su efecto, prolongado gracias al fármaco, es lo que produciría la mejoría de los síntomas en la persona.

EL COMPORTAMIENTO HUMANO ES ALGO MÁS QUE QUÍMICOS EN EL CEREBRO

La esperanza de vida se ha duplicado en el mundo en los últimos cien años debido a muchos factores que afectan a diversos ámbitos, como pueden ser educacionales y sociales (la promoción de la salud y la higiene, por ejemplo), demográficos y políticos (el adecuado diseño de ciudades para evitar el hacinamiento, las mejoras en las condiciones laborales o la limpieza de los espacios públicos) y tecnológicos (sistemas de mejora de la calidad del agua o la alimentación, entre otros). Uno de los factores determinantes, sin duda, han sido los avances que se han producido en la medicina. Entre otras cosas, en los últimos años la medicina ha conseguido reducir drásticamente la mortalidad causada por enfermedades infecciosas, ha desarrollado una profilaxis eficaz, vacunas, antibióticos y retrovirales que han contribuido a controlar enfermedades anteriormente letales, y ha mejorado las condiciones en los embarazos y los partos con lo que, afortunadamente, la mortalidad infantil ha descendido notablemente.

En fin, que nadie discutiría que el modelo biomédico es tremendamente útil y eficaz en nuestro mundo y que ha hecho una contribución enorme a nuestro bienestar. Sin embargo, este modelo biomédico basado en la fisiopatología (el estudio de los procesos patológicos físicos y químicos que sufre una persona) se queda corto cuando intentamos explicar el comportamiento humano y sus emociones.

Numerosos estudios científicos están poniendo en duda este modelo y sus intervenciones farmacológicas en relación con los problemas psicológicos ya que, entre otras cosas, la eficacia de los fármacos es baja: aproximadamente solo un tercio de los pacientes con depresión mejoran con la implementación de este tratamiento, lo que quiere decir que dos tercios de los pacientes solo mejoran parcialmente o no les hace efecto alguno. Y, además, sabemos que los efectos de los antidepresivos —en el caso de que sean efectivos— suelen notarse al cabo de varias semanas cuando, en realidad, si el cambio en nuestras neuronas se produce en el mismo momento en que se toman los antidepresivos, esta demora no debería existir.

Hay que recordar que más de 2,5 millones de personas en España consumen estos fármacos a diario. En el año 2021, la venta de ansiolíticos creció un 4 %, y la de los antidepresivos, un 6 %.

A esto se le añade que consumir «benzodiacepinas», aunque sean recetadas por un psiquiatra —cosa que no suele pasar ya que lo habitual es que las receten los médicos de la atención primaria—, no garantiza que el problema se vaya a solucionar y suele acarrear un alto riesgo de que la ansiedad se cronifique. Las benzodiacepinas no se deben recetar para períodos superiores a las tres semanas, pero la realidad es otra. En nuestro gabinete nos encontramos personas que llevan años medicándose.

Por otra parte, existen investigaciones recientes que apuntan a que la hipótesis monoaminérgica no explica la realidad del fenómeno, y se orientan más a la explicación que da la hipótesis que sostiene que cuando tomamos estos antidepresivos lo que producen es un efecto en la neuroplasticidad del cerebro, potenciándola, por decirlo de alguna manera.

Gracias a la neuroplasticidad nuestros cerebros cambian a lo largo de nuestra vida.

En la etapa infantil, por ejemplo, la neuroplasticidad es muy alta, y los niños y niñas de más de dieciocho meses aprenden alrededor de diez palabras distintas al día. Es una etapa evolutiva donde somos auténticas «esponjas» y en la que absorbemos una cantidad ingente de información y recursos.

La neuroplasticidad, o plasticidad neuronal, es una propiedad muy importante que caracteriza a nuestro cerebro. Es la capacidad que tienen nuestras neuronas de establecer conexiones nuevas o de modificar las ya existentes entre ellas en función de la interacción con el entorno. Es, posiblemente, una de las propiedades que más ha contribuido a la adaptación y evolución del ser humano a tantos lugares y a tantas actividades distintas. Se ha demostrado que existe una relación bidireccional entre el desarrollo de la plasticidad y el entorno, de forma que en ambientes poco favorecedores o poco enriquecidos se puede enlentecer esta plasticidad y nos podemos volver más «rígidos» o menos adaptativos y aprender menos.

Debido a esta relación con el entorno, está claro que la recuperación o el empeoramiento de las «enfermedades mentales» tiene mucho que ver con lo favorable, o no, que este sea. Es muy probable que un fármaco por sí solo, sin un entorno que «lo apoye», no pueda actuar sobre la depresión o la ansiedad, lo cual explicaría por qué la intervención farmacológica es mucho más eficaz cuando va acompañada de terapia psicológica que busca crear cambios en las interacciones con el entorno.

Teniendo en cuenta todo esto, podremos afirmar que, en realidad, los problemas psicológicos no se pueden entender como enfermedades propiamente dichas en el sentido de aquellas que se pueden diagnosticar únicamente a través de una serie de síntomas específicos. Tu comportamiento, lo que haces, piensas o sientes, es mucho más que químicos circulando por tu sistema nervioso.

ENFERMEDAD FÍSICA VERSUS ENFERMEDAD MENTAL

Entendemos que todo esto pueda resultar algo confuso. Hagamos una comparativa sencilla para dejar claro el concepto, por ejemplo, entre una enfermedad como el sida y una supuesta enfermedad mental como el trastorno de pánico. Aquí podríamos hacer la comparación con cualquier diagnóstico que encontremos en los manuales al uso (depresión, agorafobia, estrés, TOC, control de impulsos, trastorno de estrés postraumático, fobia social, etc.). Hemos elegido el trastorno de pánico por estar muy relacionado con la ansiedad, el tema que tratamos en este manual y porque su sintomatología es tan intensa que genera dudas razonables respecto a su origen físico.

Podemos definir el sida (o Síndrome de Inmunodeficiencia Adquirida) como una enfermedad que se desarrolla cuando una persona se infecta con el virus del VIH. Este virus va atacando y debilitando el sistema inmunitario de la persona y, a medida que este se debilita, aumenta el riesgo de contraer, por ejemplo, infecciones.

¿Tenemos un agente causal del sida? Es decir, ¿conocemos qué elemento o factor concreto es necesario para que una persona sana enferme de sida tras haber entrado en contacto con él? Pues sí. Lo tenemos perfectamente identificado y es tremendamente concreto; se trata del virus de inmunodeficiencia humana o VIH.

Ahora veamos el trastorno de pánico. Según el DSM (*Manual Diagnóstico de los Trastornos Mentales*) se define como la aparición súbita de miedo o malestar intenso que suele alcanzar su máxima expresión en cuestión de minutos y que durante este tiempo se producen al menos cuatro de los síntomas siguientes (recuerda el cumplimiento de un mínimo para un diagnóstico):

- Palpitaciones, taquicardia o aumento de la frecuencia cardíaca.
- Sudoración.
- Temblores o sacudidas.
- Sensación de ahogo.
- Sensación de asfixia o dificultad para respirar.
- Dolor, presión o molestia en el pecho.
- Náuseas o malestar abdominal.
- Sensación de inestabilidad, mareo, aturdimiento o desmayo.
- Escalofríos o sensación de calor.
- Parestesias o sensación de hormigueo o entumecimiento.
- Desrealización o sensación de irrealidad; despersonalización o sensación de separarse de uno mismo.
- Miedo a perder el control o a «volverse loco».
- Miedo a morir.

Como puedes ver, no solo los síntomas son muy variados y dispares, sino que no se define un agente causal del trastorno de pánico. No existe un elemento o factor concreto que lleve a que una persona «sana» desarrolle este trastorno al entrar en contacto con él.

Esto se debe a que, a diferencia del sida, la aparición de este trastorno surge por múltiples causas que van desde una cierta sensibilidad o predisposición genética hasta una cierta intensidad en las respuestas emocionales, la historia de aprendizaje de la propia persona o el conjunto de habilidades que pueda tener para hacer frente a distintas situaciones.

Además, no todas las personas que se enfrentan a una misma situación estresante desarrollan ansiedad, así como no todas las personas que desarrollan ansiedad terminan sufriendo pánico en esas situaciones particulares porque no todos reaccionamos igual ante situaciones adversas.

Puede que una situación dramática, como, por ejemplo, un accidente, un atentado terrorista o una guerra, vivida por un número determinado de personas les afecte de manera muy variada a unas y otras presentando un sinfín de síntomas distintos que pueden ser ansiedad, estrés postraumático, depresión, frustración, rabia, parálisis, etc.

Si continuamos comparando el sida con el trastorno de pánico, nos damos cuenta de que en el primer caso existen órganos afectados fisiopatológicamente en el desarrollo de la enfermedad, existen afectaciones orgánicas distintas. Al afectar directamente al sistema inmunitario la persona se vuelve más vulnerable a infecciones comunes u oportunistas, como la toxoplasmosis, la tuberculosis o la neumonía. Y al desarrollo de ciertos tipos de cánceres, como el sarcoma de Kaposi, linfomas o el cáncer de cuello de útero. En el segundo caso, en cambio, no existen órganos afectados ni ninguna lesión o alteración fisiopatológica u orgánica.

Muchas personas creen que es el cerebro el órgano enfermo o el que alberga la enfermedad de la ansiedad o el pánico. Como comentábamos anteriormente, una de las explicaciones comunes es que algo falla dentro del cerebro de la persona y que este no produce adecuadamente, los neurotransmisores necesarios de manera que, ya sea por déficit o por exceso de los mismos, surgen estas enfermedades. Sin embargo, como también hemos visto, esto no es del todo cierto. ¿Has visto alguna vez esas imágenes de cerebros que aparecen en las revistas, noticias o documentales donde se observan colores vivos en zonas concretas de dichos órganos? Se suele pensar que el cerebro es el órgano enfermo porque se da mucha cobertura mediática a los estudios que analizan los cerebros de personas que sufren trastornos psicológicos mediante pruebas de neuroimagen. Una de ellas, por ejemplo, es la tomografía por emisión de positrones, una técnica de laboratorio muy llamativa (de colores vivos que van cambiando en función de las áreas o funciones que se van realizando) que se basa en imágenes que utilizan los profesionales para ayudar a revelar la función metabólica o bioquímica de los tejidos y órganos.

Asimismo, cuando se acude al médico se tiende a pensar en una solución rápida en forma de fármaco para una dolencia que se trata como cualquier otra enfermedad.

Pero no hay evidencia alguna que indique que el cerebro de personas que sufren ansiedad sea distinto al de otras personas que no lo sufren. Se han hecho múltiples estudios buscando esas diferencias sin resultados concluyentes. Los más optimistas en la búsqueda de las diferencias únicamente pueden situarlas en ciertas sutiles características funcionales. Pero fisiopatológicamente el cerebro de una persona que sufre ansiedad no difiere de otro que sí la sufre. El cerebro de una persona que sufre un problema relacionado con la ansiedad es igual que el de una persona que no lo sufre.

Y, por último, y para terminar la comparación que estamos realizando entre supuestas enfermedades, podemos afirmar que existen indicadores biológicos o fisiológicos indirectos que pueden detectar la presencia de la enfermedad en el caso del sida, como, por ejemplo, por medio de un análisis de sangre que revelaría si hay o no anticuerpos para este virus. Pero no existen biomarcadores o indicadores biológicos o fisiológicos indirectos que puedan detectar la presencia de la ansiedad o los ataques de pánico. Un análisis de sangre no indica que una persona esté sufriendo un trastorno de pánico ni ningún problema psicológico. No podemos ir a un laboratorio de análisis clínico a que nos digan si tenemos TOC o depresión.

Si bien es cierto que existen correlatos fisiológicos cuando sufrimos ansiedad, ya que nuestro sistema nervioso simpático se activa de manera intensa y repentina y un torrente de catecolaminas (adrenalina y noradrenalina) inunda nuestro cuerpo haciendo diana en determinados órganos y produciendo una respuesta fisiológica observable y medible (como el aumento de la frecuencia cardíaca, la sudoración o la tensión muscular), está comprobado que en el momento en que esta activación abrupta y puntual cesa, porque el ataque de pánico no dura más de unos minutos, el cuerpo vuelve a su estado de equilibrio u homeostasis sin consecuencias fisiopatológicas en ningún tejido. No hay daños, no hay consecuencias negativas orgánicas apreciables o significativas.

LA ENFERMEDAD MENTAL: ESTIGMA, FALTA DE CONTROL Y SOLEDAD

Entonces, recapitulemos: si no existe un agente causal identificado de forma concreta que sea una condición indispensable para el desarrollo del trastorno de pánico; si no existe un órgano afectado fisiopatológicamente ni consecuencias orgánicas negativas; y si no existen medidas biológicas indirectas que nos permitan sospechar del diagnóstico de un ataque de pánico, ¿por qué seguimos llamándolo enfermedad? ¿Por qué pretendemos curarnos de algo de lo que no estamos enfermos?

Ahora bien, que no califiquemos a los trastornos psicológicos como una enfermedad no significa que no los suframos o padezcamos como tales. Que los problemas psicológicos no sean enfermedades no significa que no afecten, limiten y dificulten enormemente la vida de las personas que los sufren. Aquí no estamos negando el sufrimiento que acarrea padecer un problema psicológico o emocional puesto que eso es una realidad. Aquí estamos poniendo en duda, y haciéndote reflexionar sobre ello, si realmente es correcto llamar a estos problemas «enfermedades» y, por tanto, equiparlas a ellas con todo lo que eso significa.

Lo interesante de no clasificar los problemas psicológicos como enfermedades, y el motivo por el que nosotros no lo hacemos, es que ayuda a la desestigmatización social asociada al concepto de enfermedad mental. Muchas personas creen que sufrir algún trastorno mental significa estar «enfermos de la mente», que tienen alguna «tara», y esto acarrea todas las cosas negativas que están asociadas a la estigmatización de las personas que sufren algún tipo de enfermedad, como la incomprensión, la intolerancia o la sensación de soledad. A nivel personal, la persona que sufre el problema puede llegar a sentir que no puede «hacer nada» al respecto y sentirse «en manos del médico», como cuando sufrimos cualquier otra enfermedad física. Esto hace que estas personas se sientan más frágiles o vulnerables y a merced del desarrollo incontrolable de la enfermedad o de las competencias de los profesionales de la medicina.

Si atribuyo mi problema a una enfermedad, puedo llegar a tener una percepción de control muy baja. Pocas cosas voy a poder hacer aparte de tomarme la medicación que mi médico, generalmente el de cabecera, me recete. ¿No crees?

Ahora bien, puede que te estés preguntando: si los problemas psicológicos no son enfermedades, ¿qué son entonces? Pues bien, son un problema de interacción con nuestro entorno. Somos organismos en continua interacción. Fíjate bien que hemos pasado de situar el origen del problema en el interior de la persona a situarlo en la interacción de la persona con el entorno.

Esta forma de interactuar con nuestro alrededor la aprendemos a lo largo del tiempo. Un problema de ansiedad se da entonces cuando nuestra interacción resulta disfuncional o desadaptativa en el entorno y en el momento donde esta se desenvuelve.

Pongamos un ejemplo para entenderlo mejor. A lo largo de nuestra vida, nos enseñan a tener miedo a las ratas porque pueden ocasionarnos graves problemas de salud si nos muerden. Sentir miedo o asco a las ratas de tal manera que nos lleva a evitarlas es algo funcional, ya que nos protege de ellas si alguna vez nos encontramos con una. Pero puede dejar de ser funcional si tenemos que trabajar en algún empleo que requiera un posible contacto con ellas, como un científico que realiza experimentos en animales o un empleado que trabaja en un vertedero, ya que impediría que lleváramos a cabo nuestro ejercicio profesional. Por tanto, debemos aprender otra forma de interactuar con nuestro entorno para poder volver a ejercer nuestras funciones en el trabajo y no sufrir cada vez que vamos a trabajar.

Si te fijas, esta manera de ver los problemas psicológicos cambia la perspectiva en todos los sentidos. No esperamos que las cosas se solucionen solas, manteniendo una actitud pasiva y puramente observadora, sino que incidimos, por ejemplo, mediante la terapia psicológica como guía y aprendizaje, y nos damos cuenta de que podemos adquirir estrategias, técnicas o habilidades que nos permitan conseguir controlar el problema, e identificar aspectos de nuestra vida que no nos gustan o que nos generan malestar para poder modificarlos. Ya no estamos a merced de la «enfermedad o del médico», sino que tenemos una participación activa en nuestra recuperación.

Ver los problemas psicológicos como enfermedades mentales contribuye a la estigmatización de la salud mental, a la percepción de ser algo incontrolable por parte de la persona que los sufre, y también a su aislamiento, ya que asumimos que el problema es individual, por lo que no tenemos en cuenta el contexto socioeconómico que juega un papel fundamental en la salud y en la recuperación de la persona.

UNA LUZ AL FINAL DEL TÚNEL

Afortunadamente, hoy en día la manera en que la sociedad está juzgando los problemas psicológicos, y a las personas que los sufren, está cambiando poco a poco hacia esta dirección. De hecho, mientras escribimos estas líneas, la conocida gimnasta artística estadounidense Simone Biles, considerada una de las mejores atletas del mundo, anunció hace pocos días que se retiraba de la final de gimnasia femenina de los Juegos Olímpicos de Tokio 2020 por sufrir ansiedad.

La noticia, salvando unas pocas voces críticas, fue muy bien recibida. Se la calificó de «valiente» por hablar claramente de sus problemas y de la presión a la que están sometidas las personas con altos niveles de exigencia, y por priorizar su salud psicológica y emocional por encima de su carrera profesional. Pocos días después del anuncio se supo que un familiar muy importante para ella había fallecido durante los Juegos Olímpicos y por eso tomo la decisión de parar. Posteriormente se incorporó a determinadas disciplinas, y llegó a conseguir la medalla de plata por equipos y la de bronce individual en la barra de equilibrio.

Pero lo realmente interesante fue la respuesta mediática y social prácticamente unánime de apoyo a la valentía que suponía comunicar que no se encontraba bien y que quería momentáneamente abandonar algunas competiciones porque indica que las personas cada vez estamos más concienciadas, cada vez tenemos más información veraz y real de lo que son los problemas psicológicos y de que todos, sin excepción, somos vulnerables a padecer alguno a lo largo de nuestra vida. Afortunadamente cada vez somos más empáticos con el sufrimiento de los demás, cada vez somos mejores como sociedad.

IDEAS CLAVE DE ESTE CAPÍTULO

- Los problemas psicológicos no son enfermedades.
- No hay causa necesaria y suficiente concreta y unánime para que todas las personas que la sufren desarrollen un problema psicológico.
- No hay ningún órgano afectado en los problemas psicológicos. Por muchas imágenes con colorines que veamos no hay evidencia que apoye esto.
- No hay pruebas médicas indirectas o marcadores biológicos para determinar si existe un problema psicológico.

Si consigues cambiar este punto de vista:

- Entenderás por qué la medicación por sí sola no está resolviendo tu problema.

- Podrás entender que los problemas de ansiedad son una interacción disfuncional con tu entorno en tu momento actual.
- Recuperarás el control sobre tu mejoría.
- Tendrás la disposición necesaria para aprender las estrategias y las herramientas que encontrarás en los próximos capítulos para dejar de sufrir por la ansiedad.

Capítulo

2

¿QUÉ ES EXACTAMENTE LA ANSIEDAD?

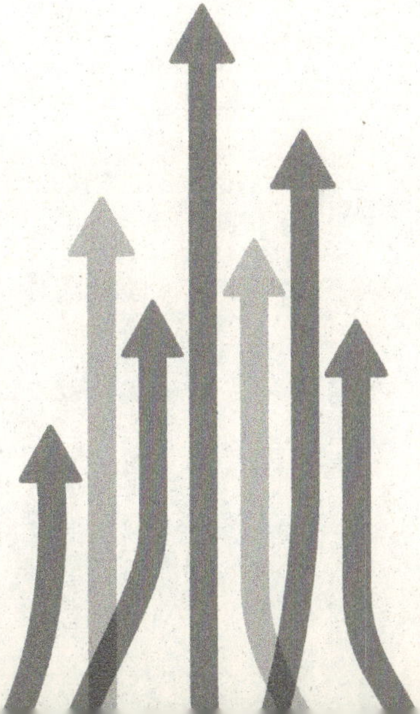

Antes de comenzar queremos decirte que cuando sufres síntomas relacionados con la ansiedad sueles llegar a pensar que solo te pasa a ti. Es un pensamiento descorazonador y angustiante, y te hace sentir que nadie puede entenderte o que tu sufrimiento no puede ser atendido. Pero esto no es así.

Aquí viene bien echar un vistazo a las estadísticas. En España, según datos de nuestro Ministerio de Sanidad, en junio de 2020 una de cada diez personas mayores de quince años fue diagnosticada con algún problema relacionado con el ámbito de la salud mental. El 6,7 % de la población (que son, ni más ni menos, más de tres millones de personas) sufre ansiedad, y este porcentaje solo incluye las personas que han sido diagnosticadas, de manera que podemos suponer que la cifra es más alta. Curiosamente, la misma cantidad de personas sufre depresión.

Tanto en uno como en otro caso encontramos que la prevalencia en hombres es del 4 %, y en mujeres, del 9,2 %, más del doble. Pero no, no es que las mujeres sean más propensas a padecer este tipo de problemas ni que sean más débiles. No tiene que ver con ninguna vulnerabilidad asociada al sexo femenino, sino con motivos educacionales y contextuales que iremos viendo a lo largo del libro, como los roles de género o las habilidades comunicacionales.

De manera que, visto lo visto, no, esto no te pasa solo a ti. Y lejos de pretender que el hecho de saber que es «mal de muchos» resulte un consuelo pretendemos contextualizar un problema común, un sufrimiento compartido que es mejor abordado desde esta conciencia.

Muchas personas sufren problemas relacionados con la ansiedad o los sufrirán a lo largo de su vida y es uno de los motivos de consulta en terapia más frecuentes. Sin embargo, muy pocas personas entienden realmente lo que les pasa y no tienen las estrategias o herramientas adecuadas para gestionarla. Y es algo a lo que debemos prestar mucha atención, ya que el sufrimiento que provoca esta respuesta emocional puede llegar a limitarnos la vida y, en casos graves, desencadenar otros problemas, como estados de ánimo depresivos, que muchas veces son consecuencia de trastornos de ansiedad mantenidos a lo largo del tiempo que no han sido tratados en el momento oportuno o que han sido tratados inadecuadamente o «mal tratados».

LA ANSIEDAD COMO RESPUESTA ADAPTATIVA

La ansiedad es algo que todos hemos experimentado en algún momento de nuestra vida. Como lo lees, no hay nadie que no haya experimentado algún grado de ansiedad alguna vez en su vida.

Cuando experimentamos ansiedad es común sentir inquietud, nerviosismo, agitación o el corazón acelerado, pero en ocasiones podemos experimentar sensaciones menos conocidas, como mareo fuerte, visión borrosa o con puntitos luminosos, entumecimiento y hormigueo de brazos o piernas, rigidez muscular o dificultad para respirar, que puede llegar hasta la desagradable sensación de que nos ahogamos o asfixiamos. Debes saber que estas sensaciones no son otra cosa que una respuesta automática de nuestro cuerpo ante una situación que consideramos inquietante, como puede ser un examen o una entrevista de trabajo importante, un viaje en avión o cualquier situación que nos haga sentir que estamos ante algún tipo de peligro.

Lo cierto es que la ansiedad, lejos de ser algo malo, es necesaria para el ser humano y tiene como único objetivo ayudarnos y protegernos. Científicamente hablando, a la ansiedad se la define como una respuesta de lucha-huida. Un mecanismo evolutivamente heredado para que nuestro organismo responda de manera adecuada ante situaciones potencialmente problemáticas.

Si lo piensas, cuando sientes ansiedad lo que quieres normalmente es huir de la situación en la que te encuentras, esconderte. Esta sensación es producto de esta respuesta instintiva que tiene como propósito protegerte, ni más ni menos.

Es posible que al leer esto, y después de haber sufrido tanto debido a la ansiedad, te parezca un disparate lo que estamos diciendo, o una simplificación de tu problema, pero permítenos explicarnos mejor. Viajemos un poco en el tiempo, hacia el pasado, a ver si conseguimos hacernos entender.

De no ser por la ansiedad es probable que el ser humano se hubiera extinguido hace muchos años. Hoy en día vivimos en una sociedad del bienestar donde afortunadamente no sufrimos riesgos importantes para nuestra vida, pero no siempre fue así. Hace cientos de años, vivíamos con menos ropa y más pelo, nuestro hogar eran cuevas austeras, salíamos de caza o teníamos que proteger a la tribu o familia de depredadores o extraños con malas intenciones. Eran otros tiempos, un mundo hostil, oscuro y lleno de peligros. Si tenemos en cuenta cómo vivían nuestros antepasados en esas condiciones tan desfavorables, podemos entender que fuera de vital importancia, en el sentido literal de la palabra, que el ser humano desarrollara una respuesta automática o refleja que le empujara a realizar una acción inmediata para salvaguardar sus vidas ante la sensación de un peligro inminente: atacar o huir.

Ponte en la siguiente situación que se podía dar fácilmente en aquellos tiempos: vas tranquilamente por la sabana y de pronto, te topas con un león, así, de repente. Las opciones que tienes son: pararte a pensar cosas cómo «vaya, ¿de dónde habrá salido este bicho?, ¿vendrá solo o acompañado?, ¿habrá comido?, ¿será amistoso o querrá comerme a mí?» o... puedes salir corriendo.

¿Te puedes imaginar lo que sucedería mientras vas haciendo tus cábalas y te decides? Pues sí, lo más probable es que el animal te merendara y repartiera lo que quedara de ti por turnos a su prole.

No, nuestros antepasados no actuaban así. No se paraban a pensar si el león venía en son de paz o con ganas de desayunar. Ante la aparición del león nuestros cavernícolas activaban inmediatamente una respuesta instintiva de lucha-huida, que es lo que les permitió sobrevivir.

PIENSA MAL Y ACERTARÁS

Según la psicología evolutiva, el ser humano terminó desarrollando esta maquinaria fisiológica y cognitiva responsiva y eficaz que se activa rápidamente poniéndonos en guardia, ya sea para huir o para luchar en momentos peligrosos, y que hoy en día llamamos ansiedad. Si aplicamos el refrán español «Piensa mal y acertarás» a lo que estamos describiendo, podríamos decir: «Piensa mal y sobrevivirás».

Si alguna vez te has preguntado por qué ante una situación ambigua tiendes a pensar primero en las peores opciones, algunos investigadores como Martin Seligman creen que es debido a un sesgo cognitivo, una forma de procesamiento de la información que lleva implícita una distorsión de la realidad. Es un juicio inexacto o una interpretación ilógica sobre una experiencia. Según algunos autores este sesgo surgió durante la evolución humana con la finalidad de ayudar a tomar decisiones rápidas ante ciertos estímulos potencialmente dañinos, en situaciones en las que una respuesta inmediata puede ser más valiosa para la supervivencia que un análisis detallado.

Pongámonos en otra situación típica del ser humano prehistórico. Estás descansando debajo de un árbol con los ojos cerrados y de pronto oyes pasos que se aproximan a ti. ¿Qué piensas? Tienes dos opciones básicas: o lo que se aproxima es un peligro o no lo es. Si eliges la primera y piensas que ese ruido puede ser un león, o un miembro de la tribu enemiga que quiere hacerse un collar con tu bello cráneo, seguramente abrirás los ojos y te pondrás en guardia, te agazaparás e intentaras ver qué es lo que viene en camino sin ser descubierto. O simplemente huirás de ese lugar para ponerte a salvo. Si resulta que es realmente un león o el enemigo, estarás preparado y podrás hacer algo para huir o luchar, y si resulta que era uno de los tuyos buscando algo para comer y pusiste pies en polvorosa pensando otra cosa, lo peor que puede pasar es que hayas ejercitado tu músculo cardíaco sin necesidad. En ese caso, una vez identificado como no peligroso, a los pocos minutos volverás a recostarte y descansar.

Pero ¿qué pasaría si lo primero que pensaras es que lo que se acerca es algo o alguien inofensivo? Pues que si aciertas, no hay ningún problema, pero si te equivocas, el precio a pagar es demasiado grande. El peligro te pillaría con la guardia baja y lo más probable es que no sobrevivieras.

La buena noticia es que según la selección natural los individuos que «pensaron bien» y tuvieron este nefasto resultado no transmitieron esta «tendencia positiva» de interpretar un fenómeno ambiguo y peligroso a su descendencia, porque no llegaron a tenerla. Así que según esta teoría son los que piensan mal y sobreviven los que pueden transmitir esta forma de pensar. Aunque es interesante esta interpretación del origen de este tipo de sesgo cognitivo, no deja de estar exenta de polémica en el mundo académico debido a que no podemos estar del todo seguros de que este sea el verdadero origen de estos sesgos.

Pero podemos pensar que eso ocurría en un pasado muy lejano, así que vamos a centrarnos en el presente: ¿qué pasa hoy en día?, ¿por qué tenemos ansiedad si no vivimos en la jungla rodeados de peligros? Pues no, no vivimos rodeados de peligros para nuestra supervivencia, afortunadamente, pero tenemos que entender que este mecanismo también resulta muy necesario actualmente. Te ponemos un ejemplo: imagina que vas a cruzar una calle y, al distraerte mirando el móvil o pensando en cualquier cosa, no te das cuenta de que estás cruzando con el semáforo en rojo y de pronto escuchas el claxon de un coche que no habías visto que se aproximaba a ti. Ese sonido activa un resorte que te hace saltar hacia atrás para evitar que te atropelle. ¿Qué sensaciones crees que aparecerán en tu cuerpo? Seguramente, por ejemplo, el corazón se te ponga a mil, puedas estar tensa o temblar. Pues eso no es otra cosa que ansiedad y, si no la experimentaras en esa situación, probablemente sufrirías un grave accidente.

De manera que, como ves, la ansiedad adaptada a un contexto y momento adecuado es muy necesaria para garantizar nuestra supervivencia. Bajo esta perspectiva la ansiedad es una respuesta psicofisiológica natural y sana, y un mecanismo que solo desaparecerá cuando fallezcamos y que nos acompañará siempre. Y, aunque no lo creas, es bueno que sea así.

UN BREVE REPASO DE NUESTRO SISTEMA NERVIOSO

La ansiedad o, como la estamos reinterpretando, nuestra respuesta de lucha-huida es un fenómeno natural increíble. Una respuesta rápida y tremendamente intensa que moviliza nuestros recursos con el objetivo de protegernos. Como sabemos que cuando sufres un problema de ansiedad cuesta ver la utilidad de esta respuesta, queremos contarte qué es realmente lo que te pasa cuando sufres ansiedad y qué le ocurre a tu cuerpo cuando la experimentas. De esta forma puedes hacer una adecuada interpretación de los intensos síntomas sin tener miedo de que conduzcan a algo más. Cuando entendemos algo, aunque no nos guste, es más difícil que lo temamos. ¡Vamos allá!

El fenómeno comienza en tu cerebro. A grandes rasgos tu sistema nervioso, ese conjunto tremendamente complejo y hermoso de neuronas que se conectan ente sí y que recorren todo tu cuerpo, se divide en dos grandes secciones: el sistema nervioso central —que lo conforman el cerebro y la médula espinal y es el centro de procesamiento de la información— y el sistema nervioso periférico —que lo forman los nervios y los ganglios nerviosos que conectan el sistema nervioso central con el resto de todos los órganos de tu cuerpo—. El primero está muy bien protegido con un buen recubrimiento óseo (cráneo y columna vertebral), mientras que el segundo recorre todo nuestro interior. El sistema nervioso periférico se extiende por nuestro cuerpo como finas raíces que lo pueblan todo, como las arterias y venas que mueven nuestra sangre, pero en lugar de sangre transportan impulsos eléctricos, información.

Este sistema periférico se divide a su vez en dos sistemas según las funciones que desempeñan dentro del cuerpo: el sistema nervioso somático —que es el que controla de forma voluntaria todos tus músculos— y el sistema nervioso autónomo —que opera de forma automática o involuntaria en procesos como la digestión, la frecuencia cardíaca y respiratoria o la sudoración—.

Es un poco lioso, pero es importante. Te dejamos un esquema para que de forma visual quede aún más claro.

Como ves en esta imagen y resumiendo, el sistema nervioso se divide en dos secciones: central y periférico; a su vez el periférico se divide en dos sistemas: somático y autónomo. Y, por último, el sistema nervioso autónomo se divide en simpático, parasimpático y entérico. Aquí viene lo interesante en relación con la ansiedad.

El sistema entérico se encarga del control de las funciones del sistema gastrointestinal. Actualmente ha estado ocupando titulares que lo nombran como «segundo cerebro» debido a que tiene un gran número de neuronas, más de cien millones, que tapizan

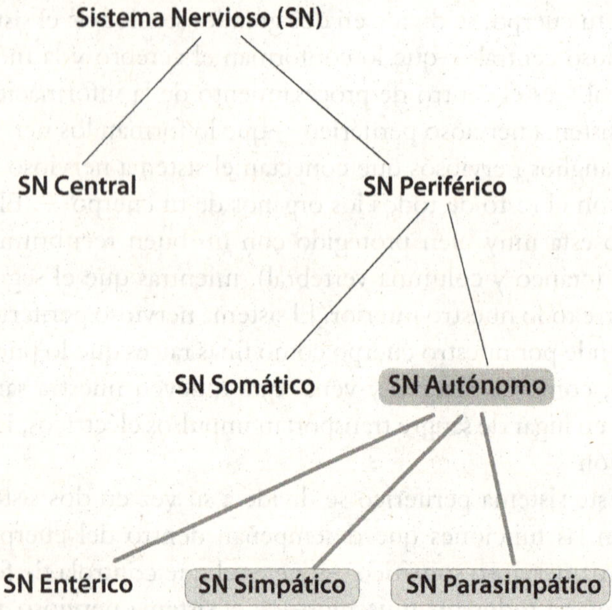

el estómago y los intestinos. Lejos de acercarse a las funciones que cumple el cerebro, la investigación está desvelando que el intestino puede afectar al humor de la persona y que la estimulación de los nervios que conectan el cerebro con el intestino (nervio vago) puede resultar útil para ayudar a mejorar el ánimo e incluso otros problemas como algunos tipos de epilepsia.

A grandes rasgos se puede decir que el sistema nervioso simpático está implicado en todas las actividades que nos activan, que requieren energía. Se le conoce como sistema adrenérgico o noradrenérgico por los neurotransmisores que se usan para la comunicación, ¿te suenan del anterior apartado? Correcto, los neurotransmisores que se activan cuando nos preparamos para afrontar una situación que nos genera ansiedad.

El sistema nervioso parasimpático es el antagónico del sistema simpático, es el que devuelve tu cuerpo a su estado de tranquilidad después de sufrir ansiedad. El simpático y el parasimpático juegan un papel importantísimo en el control de los niveles de energía corporal y de la preparación para la acción. Y, sobre todo, desempeñan un papel fundamental en nuestra ansiedad. Veamos cómo.

QUÉ LE PASA A MI CUERPO CUANDO EXPERIMENTO ANSIEDAD

Cuando aparece eso que llamamos ansiedad o respuesta de lucha-huida tu cerebro envía inmediatamente un mensaje al sistema nervioso autónomo. Más concretamente, al sistema nervioso simpático que, como hemos dicho, es el encargado de liberar la energía que necesita tu cuerpo en un momento determinado para estar preparado para la acción. Se activa nada más recibir este mensaje de peligro y dispara todos esos síntomas fisiológicos que forman parte de la ansiedad. En este momento libera adrenalina y noradrenalina.

Lo que ocurre dentro de ti es que si la activación de este mecanismo de lucha-huida debido a un peligro se confirma, es decir, tu cerebro reafirma el hecho de que estás en una situación peligrosa, dejará que estas sustancias neuroquímicas sigan en circulación y hagan su trabajo: mantenerte a salvo mediante la preparación de tu cuerpo para luchar o para huir. Lo más probable es que las sensaciones producto de esta activación se mantengan y vayan incrementando su intensidad durante un tiempo determinado. Una vez terminado el peligro, sentirás que volverás poco a poco a un estado de relativa normalidad. Esta disminución del estado de alerta se debe a dos cosas principalmente:

1. Los mensajeros químicos —adrenalina y noradrenalina— son destruidos o inhabilitados por otros productos químicos en tu cuerpo. Pero es conveniente saber que tardan algún tiempo en ser destruidos, de manera que, aunque el peligro haya pasado y tu sistema nervioso simpático haya dejado de responder, es probable que continúes sintiendo cierta activación en forma de inquietud o nerviosismo por algún tiempo debido a que los productos químicos están aún circulando en tu sistema.
2. Se activa el sistema nervioso parasimpático que funciona como un sistema de restauración que devuelve el cuerpo a un estado normal y produce una sensación de relajación.

Los dos sistemas no están activos al mismo tiempo ya que actúan de forma opuesta. Son antagónicos. Por ejemplo, mientras que el sistema nervioso simpático puede provocar un aumento del ritmo cardíaco y de la presión sanguínea, una dilatación pupilar, un aumento de la velocidad y la profundidad de la respiración, una menor actividad del aparato digestivo y una disminución de la salivación, el sistema nervioso parasimpático provocará un enlentecimiento de los latidos del corazón y de la presión sanguínea, la contracción de la pupila, una broncoconstricción (permite la contracción y la relajación del sistema respiratorio) y reanudará la actividad del sistema digestivo estimulando el movimiento del tracto digestivo y la producción de saliva.

Que los dos sistemas no estén activos al mismo tiempo y que se active uno y luego otro significa que las sensaciones que

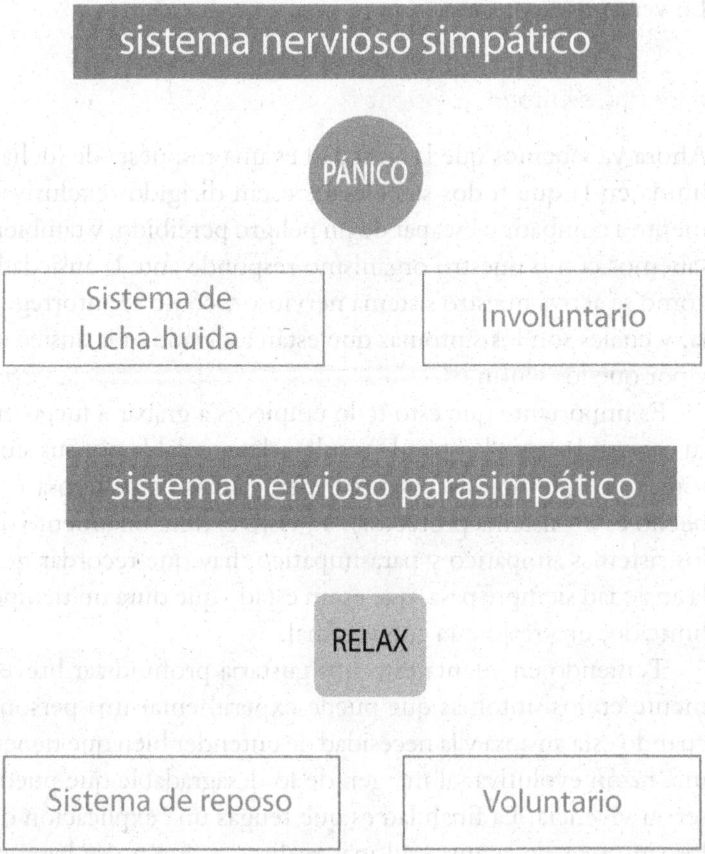

produce la ansiedad no pueden durar para siempre o aumentar tanto que resulten dañinas porque el sistema nervioso parasimpático es un protector interior que evita que el sistema nervioso simpático se extralimite. Actúa de forma parecida a un termostato que programamos a una temperatura concreta y que se para cuando la temperatura es excesiva.

Es también muy interesante entender que cada uno de los síntomas que produce el sistema nervioso simpático, es decir, los síntomas de la ansiedad, tienen una función y un porqué. Lo veremos a continuación.

¿Por qué siento lo que siento?

Ahora ya sabemos que la ansiedad es una respuesta de lucha-huida en la que todos sus efectos están dirigidos exclusivamente a combatir o escapar de un peligro percibido, y también sabemos cómo nuestro organismo responde ante la ansiedad, cómo se activa nuestro sistema nervioso y cómo se autorregula, y cuáles son los síntomas que están asociados a la ansiedad y por qué los sentimos.

Es importante que esto te lo empieces a grabar a fuego en tu cabeza: la ansiedad puede resultar desagradable por sus síntomas (lo que nos hace sentir), pero jamás es peligrosa (de hecho es un sistema protector). Y, visto el funcionamiento de los sistemas simpático y parasimpático, hay que recordar que la ansiedad siempre pasa, que es un estado que dura un tiempo limitado, una respuesta con un final.

Teniendo en cuenta esto nos gustaría profundizar brevemente en los síntomas que puede experimentar una persona cuando está ansiosa y la necesidad de entender bien que tienen una razón evolutiva, al margen de lo desagradable que pueda ser su vivencia. La finalidad es que tengas una explicación de los síntomas de la ansiedad más realista, y que no se base en creencias o miedos de que te pueda estar sucediendo algo malo, como un problema cardíaco o que te vas a desmayar. Esto ayuda muchísimo en el manejo de los síntomas cuando aparecen.

Recuerda que comentamos que una rama del sistema nervioso autónomo, el sistema nervioso simpático (SNS), es el responsable de la respuesta de lucha-huida, el encargado de liberar nuestra energía preparando nuestro cuerpo para la acción, lo que conocemos como ansiedad. Debido a esta activación psicofisiológica podemos experimentar una serie de síntomas físicos que forman parte de la ansiedad y que en ningún caso son dañinos.

Puede que experimentes algunos de estos síntomas y no todos cuando sufres ansiedad. Sin embargo, es muy importante que los conozcas, porque la ansiedad cambia de cara muy a menudo. Una misma persona puede tener un conjunto de síntomas ante una situación determinada y ante otra situación presentar otro conjunto de síntomas distintos. También puede ser que dos personas experimenten un conjunto de síntomas diferentes antes la misma situación ansiógena. Esto es debido a que cada uno de nosotros puede interpretar lo que pasa a nivel fisiológico de forma distinta y, por tanto, darle nombres distintos a ese mismo cambio interno (por ejemplo, sentir que te ahogas o sentir que te asfixias). Y, por otro lado, también puede ser porque la intensidad de esos cambios fisiológicos provoca una serie de sensaciones que van de menor a mayor gravedad (por ejemplo, una sensación de ahogo inicial que puede acabar en un fuerte dolor de pecho).

¿Por qué parece que el corazón se me va a salir del pecho?

Se produce un incremento de la fuerza y el ritmo cardíaco porque el corazón es nuestro motor y es el principal encargado de prepararnos para cualquier actividad. Nos ayuda a aumentar la velocidad de nuestro flujo sanguíneo oxigenando y llevando nutrientes esenciales de esta forma a nuestros tejidos y ayudándonos a eliminar con rapidez los productos de desecho de los mismos. Cuando tenemos ansiedad, nuestro cuerpo interpreta que hay un peligro y se prepara para actuar. Es típico sentir que el corazón late más rápido o con más fuerza puesto que necesitamos más oxígeno y nutrientes en nuestros músculos para luchar o huir.

¿Por qué mi piel pierde color, siento frío en el cuerpo y en las extremidades y puedo llegar a experimentar hormigueo y/o entumecimiento?

Estos síntomas tan desagradables y que se suelen vincular al preludio de un desmayo ocurren debido a los cambios repentinos que se producen en el flujo sanguíneo. Cuando estamos ante algún peligro hay que activar determinados órganos, así que la sangre sufre un cambio brusco en su distribución por nuestro cuerpo para que se dirija lo antes posible hacia los sitios donde es más necesaria. De esta forma pasa de irrigar la piel a dirigirse a los músculos de brazos y piernas necesarios para luchar o para huir. Por eso tu rostro puede palidecer o sentir cambios en la temperatura corporal, como escalofríos o sofocos, o incluso parestesia u hormigueo, entumecimiento de las manos, los brazos o las piernas.

¿Por qué siento ahogo o asfixia, falta de aliento e, incluso, dolores u opresión en el pecho?

Estas sensaciones se deben a cambios en el incremento de la velocidad y la profundidad de nuestra respiración. Como hemos visto, el ritmo cardíaco se acelera y los tejidos necesitan más oxígeno para prepararse para la acción, así que el cuerpo responde aumentando la frecuencia y la profundidad de la respiración. Sin embargo, esto puede conducir a una hiperventilación, provocándonos una disminución del dióxido de carbono en la sangre. Lo normal es que se produzca un equilibrio respiratorio entre el oxígeno que inhalamos y el dióxido de carbono que exhalamos. Cuando este equilibrio no se da se desencadena la desagradable sensación de ahogo o falta de aire. ¿Te has fijado que en las series o películas cuando alguien sufre un ataque de pánico le dan una bolsa de papel para que respire dentro de la misma? Aunque parezca muy teatral esta estrategia suele funcionar.

Funciona porque introduces la nariz y boca en la bolsa de papel mientras respiras hinchando y deshinchando la misma. La clave es que no introduces oxígeno nuevo, respiras tu propio dióxido de carbono y en escasos minutos reestableces el equilibrio perdido y sientes cómo disminuyen los síntomas. Pero, claro, como tampoco es cuestión de llevar una bolsa de papel encima todo el día te enseñaremos a manejarlo mejor más adelante con unos ejercicios muy concretos de respiración si es este tu caso.

Pero, volviendo al asunto, cuando empezamos a hiperventilar este proceso suele ser de comienzo sutil y la aparición de síntomas también lo es. ¿Sabes cómo detectar que estás hiperventilando antes de que comiencen los síntomas más intensos? Pues porque seguramente bostezas o suspiras mucho más de lo normal, así comienza. Es tu cuerpo intentando regular la respiración.

Si no te percatas de esto, lo siguiente que sueles empezar a sentir es una ligera presión en el pecho. No es dolorosa, es como si tuvieras un ligero peso como una mano posada encima de él. La razón es la misma: estás hiperventilando, metes demasiado oxígeno, así que la respuesta de tu cuerpo es empezar a cerrar los bronquiolos, donde se realiza la captación del mismo. El mensaje es claro: «Deja de respirar así, que nos sobra el oxígeno en sangre» y tus pulmones empiezan a cerrar el grifo. Si no haces nada, el cierre de bronquiolos será cada vez mayor y, con ello, los síntomas y las sensaciones. Pasarás de sentir una ligera presión en el pecho acompañada de falta de aliento a una sensación de que te ahogas acompañada de presión intensa o incluso dolor en el pecho. Y lo más probable es que si no entiendes realmente lo que te pasa, pienses cosas como «me está dando un infarto» o «algo va mal» y, como comprenderás, estos pensamientos no son especialmente tranquilizadores con lo que aumentarán la ansiedad y sus síntomas, incrementando a su vez los pensamientos y de esta forma tenemos el cóctel perfecto para un ataque de pánico o una crisis de angustia. Pero recuerda siempre nuestro mantra: la ansiedad es desagradable, pero nunca peligrosa.

¿Por qué siento mareo, confusión y una sensación extraña de irrealidad?

Un efecto secundario más que se produce con el incremento de la respiración y la redistribución de la sangre de la que estamos hablando, especialmente si no se lleva a cabo ninguna actividad, es que el aporte de sangre a la cabeza disminuye. Aunque solo es en una pequeña cantidad y no es en absoluto peligroso, puede ser experimentada de forma repentina e inesperada produciendo una serie de síntomas muy desagradables pero inofensivos que pueden incluir sensación de mareo, donde «la cabeza da vueltas», confusión que es vivida por la persona como una cierta incapacidad para pensar de forma clara, sentir una ligera desorientación o presentar dificultad para atender adecuadamente, recordar cosas cotidianas o tomar decisiones. También muchas personas refieren una sensación algo más complicada de expresar que es la sensación de irrealidad, algo así como una percepción de extrañeza respecto a lo que estamos sintiendo o viviendo que puede llegar a dar la impresión de que algo falla, de que la realidad no es del todo «real» o no es «como siempre». Tenemos que aclararte que esta alteración de la percepción debido a la ansiedad siempre es momentánea y se pasa al cabo de unos minutos.

¿Por qué sudo más o siento oleadas de frío y/o calor?

El incremento en la sudoración se da comúnmente cuando sufrimos ansiedad. El aumento de la respuesta metabólica, así como de la frecuencia cardíaca y respiratoria, hace que se eleve la temperatura corporal y se ponga en marcha el mejor sistema de refrigeración con el que contamos: el sudor. Desde la teoría de la evolución la acompañan de una curiosa explicación: el sudor provoca que la piel sea más resbaladiza, de forma que es más difícil para un atacante o un depredador agarrarnos.

En ocasiones este aumento metabólico y de temperatura puede generarte una sensación de oleada de calor o de frío por el cambio repentino y brusco de la función de regulación de la temperatura en tu cuerpo. No te preocupes, esta sensación tampoco implica nada grave y es transitoria.

A nivel general, la ansiedad o esta respuesta de lucha-huida te produce una activación general de todo tu metabolismo corporal. Así, es normal que puedas sentir acaloramiento frecuentemente y, como este proceso emplea mucha cantidad de energía, es también habitual sentir cansancio y agotamiento después de experimentarla. Hay personas que dicen que se sienten como si hubieran hecho un esfuerzo físico y mental descomunal y puede que no se hayan movido de un mismo lugar.

¿Por qué tengo la visión borrosa y/o veo puntitos luminosos justo enfrente de los ojos?

Esto es debido a una rápida y fuerte dilatación de tus pupilas. Para entenderlo es mejor imaginar que nuestros ojos se parecen bastante a una cámara de fotos donde la pupila haría la función del obturador, regulando el flujo o la cantidad de luz que llega a nuestros ojos para tener la mejor visión posible en cada momento. Cuando estamos en un entorno muy luminoso, como en un soleado día de playa, la pupila tiende a contraerse o a reducir su diámetro para evitar una sobrexposición, fenómeno que se conoce como miosis. Por el contrario, cuando estamos en una habitación a oscuras la pupila se dilata para aprovechar mejor cualquier mínima luz disponible, fenómeno que se conoce como midriasis.

¿Qué ocurre cuando sufres ansiedad? Que experimentas midriasis, pero no por una disminución del flujo de luz, sino por una reacción natural a la activación del sistema simpático. Tu cuerpo entiende que estás en una situación de peligro y dilata las pupilas para obtener mayor información del entorno. El problema es que no tiene en cuenta la cantidad de luz disponible y, si dilata las pupilas, con independencia de la luz, puede crear efectos visuales desagradables, como visión borrosa o destellos luminosos en el campo visual.

¿Por qué tengo la sensación de boca seca o de no tener saliva para tragar?

Este síntoma es producto nuevamente de la activación del sistema nervioso simpático que hace que se reduzca la salivación volviéndola más espesa y poco fluida. Cuando una situación de estrés o ansiedad activa el sistema nervioso simpático, este inhibe la actividad del tubo digestivo y reduce la salivación porque piensa: «¿Para qué quieres comer si tienes un león pisándote los talones?».

¿Por qué tengo náuseas, pesadez en el estómago o estreñimiento?

Como comentamos en el apartado anterior, cuando el sistema nervioso simpático se activa inhibe el sistema digestivo, reduciendo o deteniendo su actividad de forma funcional y como efecto secundario de la redistribución sanguínea (recuerda que ahora no es primordial digerir, sino luchar o huir). El problema es que este descenso en la actividad del sistema digestivo te puede producir síntomas molestos y bastante frecuentes cuando experimentas ansiedad como náuseas o ganas de vomitar, pesadez en el estómago e incluso estreñimiento o diarrea, todo depende del momento en el que el proceso digestivo se interrumpa al activarse el sistema de lucha y huida.

¿Por qué noto tensión muscular?

A estas alturas ya puedes adivinar que la principal razón de que notemos tensión muscular es que muchos de nuestros grupos musculares se tensan para prepararse para la acción (respuesta de lucha-huida). Dato curioso: cuando notes que se te tensa más la parte superior del cuerpo —cuello, trapecio, hombros y brazos— posiblemente te estés preparando para luchar; si por el contrario sientes más tensión en tu parte inferior —muslos, gemelos, glúteos y cadera—, seguramente te estás preparando para escapar. Cuando sufres esta activación lo normal es que te produzca sentimientos subjetivos de tensión, que en ocasiones pueden llegar a manifestarse en dolores reales como bien saben los fisioterapeutas por las frecuentes consultas que reciben, así como temblores y/o sacudidas, sobre todo cuando esta tensión es muy prologada en el tiempo. Haz la prueba, estira el brazo no dominante todo lo que puedas y ahora aprieta el puño. Permanece sin moverte y sin aflojar la presión unos minutos. Con el tiempo tus músculos empezarán a temblar por pérdida del tono o agotamiento. Eso ocurre en tu cuerpo cuando sufres ansiedad: se mantiene una leve contracción que suele pasar desapercibida, que se prolonga mucho en el tiempo y puede llegar a crearte este efecto desagradable de temblor o sacudidas.

Puede que también sientas fuertes sacudidas de tu cuerpo cuando estás en la cama. No te preocupes; se conocen como espasmos mioclónicos y afectan en torno al 70 % de la población. Son básicamente movimientos involuntarios y repentinos de las extremidades que ocurren generalmente en las primeras fases del sueño. En ocasiones pueden ser tan fuertes que te puedan despertar, pero suelen ser fenómenos aislados o puntuales y están muy relacionados con momentos de especial estrés, cansancio o fatiga.

¿Por qué no consigo concentrarme?

Piensa que si se ha activado la respuesta de lucha-huida, tu organismo interpreta un posible peligro a tu alrededor. Esto conlleva un cambio inmediato y automático en la atención para explorar los alrededores en busca de una amenaza potencial. Se potencia la atención puntual y variante, una atención no fija y saltarina. El problema asociado a este efecto es que resulta muy difícil concentrarse en las tareas diarias cuando uno está experimentando ansiedad. Las personas que la sufren se quejan frecuentemente de que se distraen con facilidad de sus tareas diarias, de que no pueden concentrarse y de que tienen problemas de memoria. La razón es sencilla, tu atención está orientada a la búsqueda de posibles peligros, así que no le pidas que recuerde si ha cerrado con llave o no la puerta de casa.

¿Es normal sentirme irritable, con impulsos agresivos y/o con ganas de escarpar del sitio donde me encuentre?

Recuerda que la ansiedad prepara nuestro cuerpo para la acción: atacar o correr. Así que no debería sorprendernos que estos fueran los impulsos que sientas cuando sufres ansiedad. El problema es que a veces esto no es posible porque existen limitaciones sociales. Hay situaciones en las cuales no podemos (ni nos convendría, a veces) ni salir corriendo ni pegar un golpetazo, así que estos impulsos se tienden a expresar de otra forma, como, por ejemplo, dando golpecitos con el pie, paseándonos de un lado a otro o hablando bruscamente a la gente. Así que no te extrañes, no eres mala persona ni cobarde; los sentimientos «normales» producidos por la ansiedad son los de sentirse atrapado o atrapada y necesitar escapar.

Como hemos podido ver, cada una de las sensaciones que tenemos cuando experimentamos ansiedad tienen una explicación. Cuando conseguimos interpretar esta activación que nuestro cuerpo sufre desde la perspectiva de la lucha y la huida nos damos cuenta de que los síntomas tienen una función totalmente adaptativa. Una función de protección del organismo. Cuando sufrimos ansiedad es absolutamente necesario entender bien qué le ocurre a nuestro cuerpo para poder comprender que ninguno de estos desagradables síntomas es peligroso. Nuestra mente siempre busca una causa, una explicación para lo que nos ocurre, y si esta es la adecuada, conseguiremos reducir el miedo a padecer los síntomas que acarrea la ansiedad y a que se produzcan problemas mayores que acaban en trastornos. Si no es así, sufriremos mucho.

Para entendernos mejor, lo que comúnmente se conocen como trastornos de ansiedad y que se suelen recoger en los manuales diagnósticos en forma de psicopatología no son más que las soluciones que pone la persona para dejar de sufrir los efectos cognitivos, emocionales o fisiológicos de la ansiedad cuando no sabe qué es realmente la ansiedad y/o no tiene las herramientas adecuadas para gestionarla. Por tanto, sufras lo que sufras, desde un trastorno de pánico hasta una fobia específica, pasando por un *burnout* o un trastorno obsesivo compulsivo, para empezar a sentirte mejor en tu interior debes entender qué es realmente la ansiedad, cómo te afecta personalmente, cuáles son tus síntomas predominantes, qué los desencadena y cómo se desarrollan. Debes conocer la ansiedad y, por tanto, conocerte tú mejor y más profundamente. Saber por qué te pasa lo que te pasa, porque para la ansiedad siempre hay un por qué, aunque en ocasiones no se identifique de forma clara o explícita.

Cuando sufrimos ansiedad por alguna situación puntual y externa, algo concreto y claramente identificable, podemos observar el foco u origen de nuestro malestar y decirnos «El trabajo me genera estrés», pero no siempre es evidente. En ocasiones no podemos encontrar una amenaza clara en el exterior, no encontramos a nuestro león (por seguir con el símil evolutivo), entonces tendemos a buscarlo en «nuestro interior». Y desafortunadamente podemos llegar a pensar: «Si no hay amenaza externa, si nada en el exterior me está haciendo sentir ansiedad, debe haber algo mal en mí». En este caso, podemos llegar a «inventar» o hacer interpretaciones falsas que tomamos como absolutamente ciertas, tales como «me debo de estar muriendo, perdiendo el control o volviéndome loca», lo que hará que las sensaciones de ansiedad sean aún más intensas llegando incluso a producir un ataque de pánico, la máxima expresión de la ansiedad en cuanto a intensidad y una de las sensaciones subjetivas más desagradables que un ser humano puede experimentar.

Pero como ya sabes a estas alturas, nada puede estar más lejos de la realidad, ya que el propósito de la respuesta de lucha-huida es siempre, y por encima de todo, proteger tu organismo, no dañarlo. De todos modos, son pensamientos comprensibles, no te culpes si aparecen. Son pensamientos que tienen su lógica en el contexto de ese estado de alerta. Además, siempre hay un león, pero eso lo veremos más adelante.

Es importante entender que la ansiedad deja de beneficiarnos cuando la respuesta se da en una situación en la que no se debería dar, como, por ejemplo, al mantener una conversación con otra persona o coger tu coche; o cuando se da de forma excesiva ante una situación determinada, como cuando los síntomas son tan intensos que nos impiden dar una charla en público o impiden que podamos terminar un examen o una entrevista de trabajo.

Si has llegado hasta aquí, habrás entendido que no es posible vivir sin ansiedad. Si esperas esto, siento defraudarte: es imposible. La ansiedad estará contigo toda tu vida. Pero lo que sí es posible es no sufrir por ella.

Lo que hay que entender es que el problema radica en que, a veces, este sistema de respuesta de lucha o huida sufre lo que podríamos llamar un «desajuste» debido a que entre otras cosas, nuestro cerebro no ha evolucionado tan rápido como lo ha hecho nuestro entorno. La evolución social y tecnológica que ha experimentado la humanidad ha impulsado un mundo que ha cambiado drásticamente en los últimos siglos. Hemos pasado de estar viviendo en cuevas, alumbrándonos con antorchas, a estar leyendo noticias en internet a través de nuestro teléfono inteligente en relativamente poco tiempo. Sin embargo, la evolución biológica en el ser humano no ha sufrido tal aceleración, nuestro cerebro y nuestro sistema nervioso son esencialmente los mismos que los de aquel cavernícola que habitaba las extensas sabanas africanas y por esta razón sigue atento a posibles peligros, a posibles leones.

Para nuestro cerebro los peligros de antaño hoy en día se pueden traducir en exposiciones en público, exámenes, exceso de trabajo, despidos, rupturas, discusiones o una agenda demasiado llena y agobiante, entre muchas otras cosas.

Estos son los peligros de nuestra vida cotidiana y ante ellos, nuestro cerebro reacciona igual que si tuviéramos enfrente un león en la sabana o si nos despertara un ruido en medio de la selva a medianoche. Ante estos peligros actuales, también se ponen en marcha los mismos mecanismos necesarios para protegernos de un peligro vital. De alguna forma podríamos decir que nuestro sistema de alarma actual está sobredimensionado, de alguna forma exagerado, para la mayoría de las situaciones actuales que vivimos.

Ahora bien, al igual que en la prehistoria, estos mecanismos siguen jugando a nuestro favor. Es esa ansiedad la que nos hace estudiar para un examen, prepararnos una entrevista e incluso, más importante aún, ir al médico ante la aparición de algún síntoma que nos haga sospechar de la posibilidad de tener alguna enfermedad grave.

De manera que la ansiedad sigue teniendo una función importantísima en nuestra vida actual: protegernos. Y en el contexto donde nos movemos también nos ayuda a mejorar a nivel personal y profesional (si no tuviéramos ansiedad, no estudiaríamos para un examen o no nos prepararíamos una reunión de trabajo importante).

Como puedes ver, el problema no es tener ansiedad, el verdadero problema es que este mecanismo esté desajustado. Es decir, el problema aparece cuando sufrimos una reacción desproporcionada ante una situación que, a priori, no indica semejante peligro.

En principio, presentarse a un examen, si hemos estudiado, no debería generarnos ansiedad, o al menos no una ansiedad tan desmedida, lo mismo que tener que coger un avión o ir al médico a hacernos una revisión. Ahora, si en estas situaciones sentimos un temor muy grande, significa que la respuesta al peligro está desajustada.

¿POR QUÉ SE DESAJUSTA ESTE MECANISMO?

En realidad, no existe una teoría o un porqué que explique de forma definitiva por qué se producen los problemas de ansiedad en algunas personas y en otras no. Esto se debe, en gran medida, a que el origen de la ansiedad es multifactorial, es decir, que aparece a partir de la combinación de una serie de factores de diversa índole, pero, en general, se podría decir que las personas que sufren ansiedad presentan una vulnerabilidad de base relacionada con factores biológicos, psicológicos y sociales.

En el caso de los factores biológicos, se habla de que las personas podríamos tener una hipersensibilidad neurobiológica al estrés. Y esta hipersensibilidad estaría genéticamente determinada e incluye rasgos temperamentales[1] que tienen un fuerte componente genético. De esta manera, si una persona hereda determinados rasgos temperamentales, tendrá más probabilidades de desarrollar un problema de ansiedad. Algunos de estos rasgos son el neuroticismo, la introversión, la afectividad negativa (tendencia estable y heredable a experimentar una amplia gama de sentimientos negativos) y la inhibición conductual ante lo desconocido.

1. Según Louis L. Thurstone, el rasgo temperamental puede definirse como una disposición congénita para responder de manera uniforme a un determinado tipo de estímulos o para reaccionar en forma más o menos idéntica en presencia de situaciones que el individuo juzga como análogas.

Puedes hacer un sencillo experimento: ante un grupo de personas sentadas cómoda y tranquilamente en una mesa da un golpe fuerte sin que se lo esperen sobre la misma y observa las diferentes reacciones que aparecen. Algunas de estas personas darán un bote o se asustaran apartándose bruscamente del origen del sonido, otras gritarán, otras responderán con agresividad e incluso puede haber otras que no se inmuten lo más mínimo. Esto se debe a lo que se conoce como respuesta de sobresalto en el adulto y es uno de los muchos factores temperamentales que están relacionados con el desarrollo de problemas de ansiedad.

Los factores psicológicos se refieren a que hay ciertas vivencias que podemos haber experimentado en edades tempranas que pueden predisponernos a percibir que las situaciones estresantes y las reacciones que tenemos ante las mismas son impredecibles e incontrolables. Estas experiencias tempranas pueden ser, por ejemplo, el haber crecido bajo modelos educativos sobreprotectores y/o faltos de cariño, o incluso rechazo, por parte de los padres, o el haber establecido vínculos inseguros de apego con nuestros cuidadores, y que hayamos vivido determinados eventos estresantes o traumáticos (muerte de un familiar querido, enfermedad grave, maltrato físico, abuso sexual), sobre todo, si estos eventos son repetidos y/o prolongados en el tiempo.

Los factores sociales se refieren al apoyo social que podamos tener en nuestro entorno. Cuando la escasez de apoyo social se une con la ausencia de estrategias eficaces para afrontar el estrés y encima tenemos determinados factores biológicos y hemos vivido experiencias tempranas inadecuadas, lo más probable es que este «cóctel» dé como resultado una vulnerabilidad psicológica a padecer problemas de ansiedad. Es muy difícil que un único factor por separado —ya sea biológico, psicológico o social— llegue a desarrollarnos un problema de ansiedad específico. Por ejemplo, se ha demostrado experimentalmente que las experiencias de aprendizaje tempranas pueden alterar la expresión de los genes. Así, un niño con cierta predisposición genética a sufrir problemas de ansiedad podría superar esta vulnerabilidad biológica si es criado en un contexto y momento histórico seguro y tranquilo y por personas serenas y cariñosas. Pero tal vez no podría superar esta vulnerabilidad si es criado por personas con su mismo temperamento o si su entorno (o contexto histórico) no son tranquilos ni seguros.

Podemos ver otro ejemplo para intentar entenderlo mejor. Seguramente has podido observar cómo los niños, a edades tempranas, temen muy pocas cosas. No es raro ver a niños y niñas coger cucarachas con las manos o dejar pasear lagartos por su cuerpo. A medida que van creciendo y en función de las reacciones que tienen sus padres o personas relevantes de su entorno (además del resto de los factores comentados anteriormente), pueden aprender a reaccionar con miedo ante una cucaracha que se cuela en casa o un lagarto que se desliza acercándose en busca de comida. Así, será mucho más probable que desarrollemos una fobia específica (es decir un problema de ansiedad específico) a las cucarachas si nuestra madre corre mientras grita «auxilio» que si la misma madre se acerca tranquilamente a ella y la barre fuera de casa o le pega un pisotón simplemente. A esta forma de aprendizaje se la conoce como aprendizaje vicario (aquel tipo de aprendizaje en el que aprendemos por medio de la observación de otras personas). También podemos aprender por medio de una experiencia directa, como podría ser el desarrollar una fobia a los monos si viajo a Tailandia y uno me muerde.

En resumen, es la combinación de estos factores lo que hace que algunas personas sean más propensas a sufrir ansiedad que otras. De manera que para que una persona tenga tendencia a desarrollar ansiedad se tienen que dar una combinación de factores, y muchas veces, a pesar de tener esa tendencia no siempre aparece la ansiedad en todas las situaciones. Pero nosotros creemos que no está de más prepararse con buenas herramientas que nos permitan gestionar la ansiedad que, de seguro, esta vida hará que experimentemos alguna vez. Así que vamos a dar un pasito más: cómo gestionarla.

IDEAS CLAVE DE ESTE CAPÍTULO

- La ansiedad es una respuesta de lucha-huida que, lejos de querer hacernos sufrir, nos protege.
- La ansiedad empieza a ser un problema cuando esta respuesta aparece cuando no debería o cuando se da en una situación concreta de forma excesiva.
- Nuestro cuerpo, en concreto nuestro sistema nervioso autónomo, es capaz de regular por sí solo esta respuesta. No necesita que hagamos nada para dejar de tener ansiedad.
- La respuesta a la pregunta «¿por qué sufrimos ansiedad?» no es sencilla ni depende solo de una variable. Llegar a desarrollar y sufrir un problema de ansiedad depende de múltiples factores que se deben dar en contextos concretos.
- Recuerda: la ansiedad y sus síntomas pueden ser muy desagradables, pero nunca son peligrosos. La ansiedad siempre pasa.

Capítulo

3

CUANDO LA ANSIEDAD SE VUELVE LA PEOR DE TUS PESADILLAS

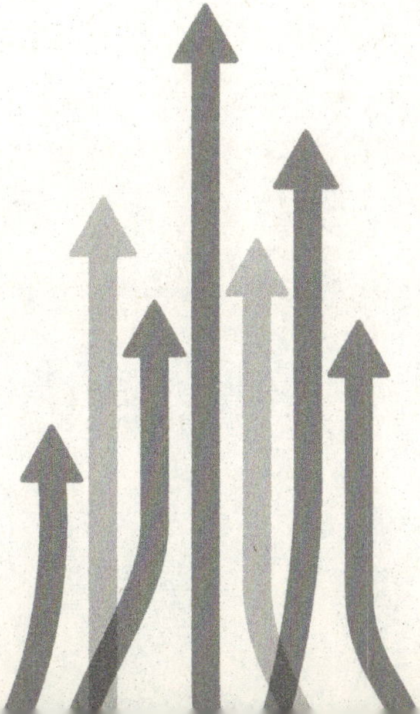

Muchas personas hablan de la ansiedad como si fuera otra pandemia, como si se tratase de una enfermedad infecciosa que tuviera la capacidad de propagarse rápidamente entre todos nosotros, afectando a casi todos los países por igual.

Por lo que no es raro preguntarse: ¿hay más problemas de ansiedad en la actualidad que en el pasado?, ¿a qué se debe este fenómeno?

Son preguntas interesantísimas que no tienen una respuesta unánime de la comunidad científica. Como ya dijimos la ansiedad es el resultado de una combinación de factores muy complejos que van desde la esfera más comunitaria y social hasta la más privada e individual.

Vivimos un momento en el que las «nuevas pandemias» tienen que ver más con la salud mental que con la física y esto se encuentra directamente relacionado con nuestro estilo de vida. No es casualidad que los problemas que más sufren las sociedades occidentalizadas sean ansiedad, estrés y depresión. Muchos filósofos y sociólogos importantes, como Hartmut Rosa o Byung-Chun Han, llevan años advirtiendo del impacto que tiene nuestra forma de vivir capitalista, acelerada y superficial en nuestra salud mental.

Hoy en día tenemos que ser los o las mejores en todos los ámbitos de nuestra vida. La búsqueda del mejor rendimiento y la perfección son imperativos perversos que nos consumen mientras intentamos alcanzarlos sin éxito. Como la zanahoria atada al palo que se le ponía a los burros para que no pararan de andar.

De esta forma nos agotamos, nos angustiamos porque no llegamos a esos estándares de autoexigencia que el entorno nos invita a imponernos para demostrar a los demás nuestra valía y sentirnos valorados.

En nuestras sesiones en el gabinete solemos aclarar que cuando tratamos con problemas psicológicos la intervención suele tener dos focos principales generalmente.

El primero es el sintomático, el más demandado, aquel que tiene que ver con reducir el sufrimiento causado por los síntomas de la ansiedad. Es el que desarrollamos con más profundidad en este libro.

El segundo es el estructural. Este hace referencia a aquellas estructuras en la vida de la persona en forma de relaciones, situaciones, roles o interacciones que han producido o mantienen el problema. Van desde el trabajo o estudio que la persona desempeña hasta el lugar en la familia o el barrio en el que vive, pasando por los hábitos que tiene en su vida.

Por ejemplo, una persona puede llegar a consulta con problemas de ansiedad y estrés relacionados con el trabajo. Sufre problemas de sueño y alimentación, se siente agotada y nada valorada en un trabajo que cada vez le exige más y más. Su motivo de consulta es, obviamente, dejar de sufrir. Hacemos una intervención sintomática, es decir, le damos herramientas para gestionar mejor sus síntomas, desde pautas de higiene de sueño hasta elementos de gestión fisiológica de la ansiedad, como la respiración natural completa. Sin embargo, cuando analizamos el origen y el mantenimiento de la ansiedad nos damos cuenta de que el problema es más «estructural»: trabaja once horas al día con contrato de ocho horas sin remuneración adecuada y con un incremento gradual pero continuo de cargas y responsabilidades laborales. Llegados a este punto hay que entender que si no abordamos esta segunda parte, la estructural, que afecta a cómo tiene estructurada su vida la persona, no podremos realmente mejorar del todo. Solo conseguiremos parchear la situación. Así que el siguiente paso, o en ocasiones de forma paralela al primero, vemos si la persona identifica adecuadamente el origen de su ansiedad y estrés, en este caso el trabajo. Si es así, analizamos las dificultades para cambiarlo y le ayudamos a su realización. Aquí se abre un abanico enorme de posibilidades: habilidades de comunicación para expresar con más asertividad límites en su trabajo, mejora de la gestión del tiempo, incorporación y mantenimiento de hábitos saludables, etc.

Fíjate lo importante que es entender que podemos gestionar el sufrimiento. Pero es igualmente importante saber que debemos cambiar aquello que lo produce porque, si lo mantenemos en el tiempo, volveremos a recaer con total seguridad.

Lamentablemente esas intervenciones en las estructuras vitales no son suficientes. Las sesiones son trajes hechos a medida y debemos analizar con sumo cuidado otros aspectos muy importantes que explican por qué el problema de ansiedad se ha cronificado y/o agravado en esa persona.

Hemos hablado hasta el momento de lo que realmente es la ansiedad y hemos analizado los posibles orígenes de la misma, por lo que a estas alturas tienes una adecuada visión del problema. Ahora vamos a centrarnos en explicar por qué seguimos sufriendo ansiedad, es decir, qué conductas están manteniendo tu problema de ansiedad. Esto es clave, ya que tienes que poder identificarlas y retirarlas poco a poco de tu vida si de verdad quieres gestionar adecuadamente tu ansiedad y que esta no vuelva a ser un problema en tu vida.

A estas conductas las conocemos como conductas defensivas, pero te las vamos a presentar de una manera un poco más bíblica.

Vale, quizá parezca un poco dramático o sensacionalista que llamemos a nuestras conductas defensivas los cuatro jinetes del Apocalipsis, pero permítenos esta pequeña licencia poética.

Por si no sabes de qué estamos hablando, te lo resumimos rápidamente. Según el Apocalipsis de San Juan, último libro del Nuevo Testamento, los jinetes del Apocalipsis son cuatro caballeros que representan conceptos como la gloria, la guerra, el hambre y la muerte. Fueron liberados cuando Jesús abrió cuatro de los siete sellos de un pergamino que tenía Dios.

¿Qué pergamino es ese y de dónde salió? ¿Por qué estaba sellado? ¿Qué llevo a Jesús a hacer semejante acto? Si te estás preguntando esas cosas, te damos la enhorabuena porque esas cuestiones denotan claramente una sana actitud de curiosidad y conocimiento por tu parte, pero nos desvían notablemente del objetivo de este ejercicio.

Lo que realmente importa para entender qué relación tienen con la ansiedad es que una vez que se liberan, los cuatro jinetes del Apocalipsis se acomodan y campan a sus anchas haciendo y deshaciendo según les conviene. Imagínate el percal. Estarás pensando que quizá no fue tan buena idea abrir esos sellos, y llevas mucha razón, pero, como ocurre con las conductas defensivas que representan, por alguna razón pensaron que servirían para un buen fin y al final no fue así porque una vez que han salido es muy difícil que por sí mismos estos jinetes vuelvan al redil.

Así, de la misma forma que los jinetes, la experiencia vivida la primera vez que sufrimos ansiedad puede llegar a ser tan desagradable que no queremos volver a sentir nada parecido en el futuro. Perdemos la sensación de seguridad y nos invade en su lugar una sensación de vulnerabilidad nunca vivida anteriormente. Es entonces cuando ponemos en marcha un conjunto de conductas encaminadas a distraer, reducir, eliminar o evitar el malestar que la ansiedad nos produce, las llamadas conductas defensivas. Conductas que pensamos que pueden ayudarnos con nuestro problema y que, paradójicamente, se transforman en el mayor problema para superar la ansiedad.

Estas conductas engloban un amplio repertorio de manifestaciones, es decir, pueden presentarse o aparecer en cada persona de formas muy distintas, desde evitar coger un avión por miedo a sufrir un accidente aéreo hasta llevar un ansiolítico en el bolso por si acaso me da un ataque de ansiedad en el mismo avión. Y lo peor de estas conductas defensivas es que la mayor parte de ellas pasan totalmente desapercibidas porque pueden ser muy sutiles o discretas, como, por ejemplo, llevar una botella de agua en el bolso para llevar mejor el síntoma desagradable de boca seca, o preferir una ruta de paseo concreta o ir al centro comercial a una hora específica porque en el fondo evitas la multitud por miedo a sufrir ansiedad en presencia de otros.

Si bien es cierto que las conductas defensivas —o, dicho de otra forma, evitar lo que nos produce ansiedad— reducen el malestar de forma rápida, lo más probable es que a largo plazo terminemos teniendo una vida cada vez más limitada.

Cuando tenemos un fuerte dolor de cabeza lo más habitual es tomar algún tipo de analgésico que nos alivie. De esta forma al tomarlo, si este es eficaz, el malestar del dolor desaparece o se reduce lo suficiente como para seguir con nuestras tareas sin tanto problema. Si al día siguiente el dolor de cabeza regresa, ¿qué haremos? Posiblemente tomarnos otro analgésico. Como ves, lo más probable es que la conducta de tomar un analgésico se repita en el futuro porque sirve, nos quita un malestar. Nos tomamos el analgésico porque no queremos sufrir este dolor físico. ¿Qué ocurre cuando en lugar de malestar por dolor físico es malestar por ansiedad?

Imagina que cada vez que sientes ansiedad en una situación, la evitas y te ahorras así un malestar. ¿Qué conducta crees que volverás a repetir en el futuro? Exactamente, las conductas de evitación. Si cada vez que hay una situación ansiógena —que te provoca ansiedad—, la evitas, el resultado más probable a largo plazo es que termines con una larga lista de situaciones que vas a evitar, con las consecuencias que eso conllevará a tu vida.

Porque las conductas defensivas pueden ser muy eficaces a corto plazo, pero a medio y largo plazo pasan una factura que en ocasiones no podemos asumir porque suponen la limitación de nuestra vida.

Y esto no acaba aquí. Pensemos una cosa: si dejamos de enfrentarnos a algunas situaciones que nos puedan generar ansiedad, puede que esto nos lleve a dejar de interactuar con determinadas personas también. Si dejamos de ir a determinados lugares, dejamos de coger determinados medios de transporte, y así poco a poco la ansiedad va tomando el control y dominando las parcelas de nuestra vida, haciéndonos sentir cada vez peor porque nos priva de las posibles gratificaciones y buenos momentos que esas situaciones nos podrían dar si no las evitáramos o no nos enfrentáramos a ellas de una forma tan defensiva.

Por otra parte, las conductas defensivas no permiten el aprendizaje de estrategias o técnicas adecuadas para la gestión de la ansiedad. No te permiten entrar en contacto directo con la ansiedad y gestionarla sin que afecte a tu vida personal o laboral y no genere en ti un malestar significativo.

Podemos agrupar las conductas defensivas (nuestros famosos cuatro jinetes del Apocalipsis) en cuatro categorías generales: la evitación, la distracción, la tranquilización y la seguridad.

Hay que puntualizar que esta es una clasificación de carácter orientativo que pretende facilitar la categorización, pero lo importante no es tanto cómo se manifiesta una conducta como por qué se manifiesta. Es decir, no es tan importante lo que hacemos, la descripción del acto, la forma, la topografía de la conducta, sino por qué lo hacemos, la función de la conducta.

Llevar una botella de agua en el bolso no es lo importante. Lo importante es por qué llevo esa botella de agua. ¿La llevo porque quiero estar hidratada o porque de alguna forma me ayuda a sobrellevar mejor mi ansiedad?

Aquí tenemos que ser especialmente cuidadosos y tener muy presente que cualquiera de estas conductas de las que hablaremos aquí nos permiten, a corto plazo, evitar o reducir el malestar que la ansiedad nos genera, pero como ya hemos dicho, a largo plazo nos impedirán interactuar de forma normal, ya que pagaremos el precio de creer que gracias a ellas no nos pasa todo lo malo que la ansiedad nos dice siempre que va a pasar.

Es decir, estas conductas ayudan a que se mantengan las creencias catastróficas o de peligro sobre una situación («Voy a perder el control») ya que si llevamos a cabo las conductas defensivas, no nos permitimos entrar en contacto con la ansiedad, así que no podemos gestionar adecuadamente la misma y, por tanto, no podemos comprobar que estas creencias son erróneas.

Y para empeorar más la situación, encima hacemos atribuciones erróneas del manejo y la reducción de la ansiedad («Menos mal que me tomé el ansiolítico o llevé la botella de agua en el bolso porque, si no, me hubiera dado un ataque al corazón») que mantienen y perpetúan el problema.

Como ya hemos comentado, cuando sufres ansiedad durante mucho tiempo los jinetes del Apocalipsis están omnipresentes, así cuando sales a la calle de compras y llevas contigo siempre un ansiolítico en el bolso «por si acaso» estás realizando una conducta de seguridad. Si en un momento determinado te sobrevienen sensaciones corporales algo desagradables relacionadas con la ansiedad y te pones los auriculares para escuchar música relajante, estás realizando una conducta de distracción. Imagina que sigues con tus auriculares intentando distraerte con tu canción favorita para la ocasión y los síntomas van en aumento. Entonces llamas a una amiga que conoce toda tu historia y siempre te calma hablar con ella durante un tiempo. Cuando haces esa llamada estás realizando una conducta de tranquilización. Y si encima, de forma repentina, la ansiedad aumenta mucho, seguramente te vas a asustar bastante porque te coge desprevenida y entonces decides tomarte el ansiolítico que llevas en el bolso. Cuando haces eso pones en marcha una conducta de tranquilización/evitación. Posiblemente la experiencia de ese día fue tan intensa y desagradable que los próximos días no te apetecerá salir a comprar, decisión que claramente conlleva una conducta de evitación.

Ahí los tienes, los cuatro patrones de conductas defensivas en un mismo ejemplo, los cuatro jinetes identificados en conductas concretas que buscan reducir o eliminar la ansiedad. Pero vamos a presentarlos uno a uno para no hacernos un lío:

La seguridad: el jinete del «por si acaso»

Este jinete está muy relacionado con lo que se conoce como las conductas de seguridad. Quizá conozcas a este personaje que nos hace vivir siempre anticipándonos a lo que podrá suceder y que nos impulsa a hacer cosas como llevar Diazepam en el bolso «por si acaso» nos da ansiedad o pedirle a una amiga que nos acompañe a un evento en el que sabemos que habrá mucha gente, «por si acaso» empezamos a sentirnos mal.

Como hemos comentado, a corto plazo estas pueden ser estrategias que de alguna manera funcionan de «salvavidas» porque nos mantienen a flote permitiéndonos hacer aquello que nos genera nerviosismo, incomodidad o malestar. Gracias a este jinete no dejamos de hacer las cosas, no las evitamos. El problema es que al mismo tiempo son conductas que generarán mucha dependencia y terminan siendo pan para hoy y hambre para mañana, ya que realmente enmascaran el verdadero problema, la mala gestión de los síntomas que la ansiedad produce.

Tienes que entender que el hecho de que lleves a cabo estas conductas de seguridad va a hacer que interpretes o atribuyas erróneamente que gracias al Diazepam que llevas en el bolso pudiste afrontar bien la situación o que gracias a esa amiga que te acompañó la ansiedad no fue a peor causándote graves consecuencias. Ya sabemos que, pase lo que pase, la ansiedad nunca es peligrosa y de la misma forma que aparece termina desapareciendo.

Dicho de otra manera, el jinete del «por si acaso» no nos permite realizar un procesamiento cognitivo adecuado, atribuyendo el «éxito» de la gestión de la ansiedad en esos momentos a la presencia de esas conductas de seguridad y no a la propia naturaleza de la ansiedad o los posibles recursos que puedas poner en marcha. Así que la próxima vez que salgamos llevaremos seguro esa pastilla o tendremos a mano el teléfono para hacer esa llamada lo antes posible.

La tranquilización: el jinete «comprueba y chequea»

En este caso, nos encontramos con lo que se conoce como las conductas de tranquilización. Lo que hacemos es comprobar la situación, el contexto o la interacción en repetidas ocasiones para asegurarnos de que no habrá ningún imprevisto que nos pueda generar ansiedad. Puedes pensar que todas las conductas defensivas tienen como objetivo la tranquilización, es decir, la reducción del malestar generado por la ansiedad. Y tienes razón, pero para poder entender este jinete hay que aclarar que aquí la tranquilización se refiere más a la búsqueda de la misma como elemento anticipatorio para enfrentarnos a aquello que nos provoca ansiedad y no únicamente a las cosas que hacemos para tranquilarnos cuando la ansiedad ya está presente. Se tata de conductas como comprobar el tiempo repetidas veces antes del vuelo si nos dan miedo los aviones, o inspeccionar constantemente nuestro cuerpo buscando algo raro o algún signo de enfermedad.

Esta actitud puede ser tranquilizadora siempre que el clima sea bueno en el caso de tener que coger un vuelo o siempre que no se encuentre ninguna señal dudosa en el cuerpo en el caso de estar preocupados por la salud. Pero ¿qué ocurre si resulta que existe posibilidad de lluvias o si se descubre un bulto? Pues que la respuesta que aparece automáticamente es la ansiedad o el miedo que se quería evitar a toda costa, agravado por la frustración del intento de control.

Es arriesgado dejar nuestra estabilidad en manos de algo que no controlamos o es tremendamente cambiante, como la meteorología o nuestro cuerpo, porque es esta falta de control e incertidumbre por el continuo cambio de condiciones lo que favorece que la persona esté continuamente comprobando o chequeando que todo vaya bien. Es otra forma de limitación en la vida diaria, nos resta tiempo y energía de aspectos más importantes y no nos permite delegar las decisiones de intervención en los profesionales adecuados, como puede ser el capitán de un avión que, junto con la torre de control, decidirán si es seguro no el vuelo con esas condiciones climatológicas, o el médico especialista, que decidirá la intervención que debe hacer, si es necesaria alguna, respecto a ese bultito encontrado.

Ver tu casa como un lugar seguro, tu hogar como un reducto en el que descansar, es algo deseable y sano. Todos necesitamos un refugio. Sin embargo, cuando sufrimos ansiedad nuestra casa puede transformarse en el único lugar donde nos sentimos seguros; más allá de ser un lugar cómodo se transforma en un fuerte que nos protege de la guerra que se está librando en el exterior, en el último bastión que la ansiedad no ha invadido. El hecho de quedarnos en casa bajo estas condiciones evita que entremos en contacto con la experiencia de vivir fuera de ella, generalmente porque esta experiencia nos sobrepasa, porque la ansiedad que sufrimos no la podemos afrontar.

Las conductas de evitación son la máxima expresión de la intolerancia a la ansiedad. Denotan una sensibilidad muy alta a sus síntomas y una incapacidad total para gestionarlos. En este caso directamente se evitan situaciones, personas o lugares porque no se tolera siquiera llegar a pensar en experimentar los síntomas que la ansiedad produce. Se anticipa el sufrimiento y la ansiedad nos hace pensar cosas como «qué necesidad tienes de salir e ir a ese sitio». Como no queremos pasar por ello, lo que hacemos es convencernos de que lo mejor es no ir, por ejemplo, a una fiesta porque «total, no conozco a nadie...» o «seguro que acaba tarde y al otro día estaré cansado...».

Este jinete, que tiende al sedentarismo y al aislamiento, te va a pedir que no hagas nada, tenderá a volverte más inactivo, te sugerirá que no interactúes tanto, que no te muevas tanto, que no te vayas tan lejos. A este jinete solo le agrada moverse en espacios seguros; bien quietito y acomodado te convencerá de que no valen la pena el esfuerzo y el sufrimiento o que directamente no es seguro. Te hará vivir en un mundo repleto de oscuridad y peligros donde la única elección es quedarte en la cueva aislado de todo y de todos.

Cuando trabajamos en sesión con alguna persona que se encuentra en este punto, nos damos cuenta de que su deterioro emocional y psicológico es muy alto. Suelen ser personas con humor deprimido, aisladas, sin ocio ni *hobbies*, ni ningún tipo de interacción que les reporte alguna gratificación. Personas que, con el tiempo, pierden la importancia de sus acciones, el sentido de sus proyectos e ilusiones y, por último, el valor de sus propias vidas.

La distracción: el jinete «si no lo veo, no existe»

Las conductas de distracción son una estrategia defensiva que nos permite enfrentarnos a una situación o interacción que nos genera ansiedad mediante la no experimentación total de la misma. Es decir, estás haciendo eso que te produce ansiedad, pero realmente no estás ahí del todo porque recurres a cosas como, por ejemplo, el uso de música relajante mediante unos auriculares, una llamada a una persona de confianza o el uso de alguna App de juegos en tu móvil.

Este jinete te intenta despistar, intenta reducir el contacto con el estímulo que te genera ansiedad o al menos intenta reducir su intensidad introduciendo para ello algunos elementos distractores que te alejan de esas sensaciones desagradables, aunque no lleguen a desaparecer del todo.

Con la distracción ocurre algo parecido a la seguridad, que no te permite comprobar del todo que tú, sin ayuda alguna, eres capaz de enfrentarte a la ansiedad y todo lo malo que la ansiedad te hace creer que va a pasar no pasa. Con la distracción afrontas parcialmente una situación, parcheas un mal momento, pero sigues pensando: «Menos mal que llevé los auriculares o que pude jugar un ratito a ese videojuego, si no, no sé lo que hubiera pasado».

LOS JINETES SOLO CABALGAN DE VERDAD CUANDO HAY UN PROBLEMA DE ANSIEDAD

Puede que, a pesar de todo, todavía te estés preguntando por qué estos jinetes, que no hacen más que ayudarnos a tranquilizarnos, pueden ser algo que nos perjudique. ¿Acaso es tan malo distraerse, buscar seguridad para evitar sentirnos ansiosos, reducir el malestar que nos provoca una situación?

Realmente no lo es, a no ser que tengamos un problema relacionado con la ansiedad. Estas estrategias defensivas, exceptuando la evitación porque no permite la interacción, no son «malas» en sí mismas. Muchas personas las aplican en su día a día sin darse cuenta. Pero en estas ocasiones estamos hablando de que estas personas sufren un malestar con una intensidad menor a aquellas que tienen un trastorno o problema de ansiedad, las suelen aplicar con mucha menos frecuencia y menos duración. No hacen de las estrategias defensivas su principal forma de operar en la vida porque realmente no están huyendo continuamente de un malestar intenso que consideran intolerable.

Por el contrario, una persona muy sensible a la ansiedad que aplica de forma regular las estrategias defensivas, si no ha desarrollado ya un problema o trastorno de ansiedad, seguramente lo desarrollará con el tiempo porque usa dichas estrategias con la intención de operar en la vida con «normalidad», sin sufrir. Dando por hecho una serie de aspectos que no son ciertos, pero que, debido a estas estrategias defensivas, es imposible probar que no lo son:

- La ansiedad es mala, es una enfermedad o es un problema grave o limitante.
- La ansiedad hay que evitarla a toda costa.
- Si siento ansiedad, no puedo tener una vida normal.

- Evitar situaciones o personas, tranquilizarme, distraerme o buscar seguridad pueden ayudarme a tener una vida normal.

De manera que, si sabemos que sufrimos ansiedad, la presencia de estos jinetes hace que no podamos entrar en contacto con la naturaleza cruda y real de esta, no podemos experimentarla realmente como es, solo la experimentamos como creemos que es, con todas esas creencias relacionadas negativas o catastróficas, lo que supone una enorme dificultad para mejorar en la gestión de los síntomas.

Debido a estas creencias la persona puede pensar que la ansiedad va a durar más de lo que realmente dura e, incluso y sin quererlo, al estar tan pendiente o focalizada en las sensaciones, hacer que realmente estas duren más. No hay que olvidar que la ansiedad es una respuesta psicofisiológica que no dura eternamente, siempre pasa. La persona puede pensar que va a ser más intensa de lo que realmente es. De hecho, en plena crisis se puede llegar a pensar que las sensaciones desagradables que siente nunca van a parar de crecer, cuando esto no es cierto.

Si dibujáramos cómo te puede afectar la ansiedad en el típico gráfico de coordenadas donde el eje vertical, el eje *y* (o de coor-

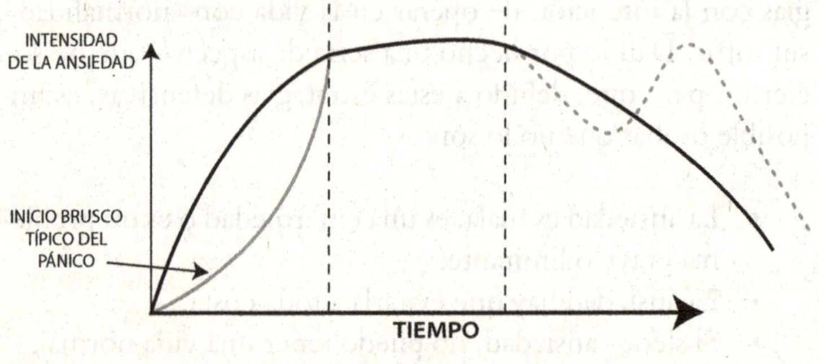

denadas), representa la intensidad (a medida que sube aumenta cuantitativamente la ansiedad), y el eje horizontal, el eje x (o de abscisas el tiempo) representa el tiempo en el que esta ansiedad se da, observamos que la ansiedad muestra una curva ascendente que puede ser gradual o repentina en función de muchos factores. Es decir, puede que sientas con más o menos rapidez cómo la ansiedad crece en tu interior. El ascenso más brusco y vertical se da cuando experimentamos un ataque de pánico. Una vez llegado a un tope, se estabiliza en una especie de meseta y posteriormente empieza a descender de forma lenta y gradual. La razón de que este descenso sea más lento es que la adrenalina y la noradrenalina (neurotransmisores que se segregan cuando se produce la respuesta de lucha-huida) siguen fluyendo por tu sangre incluso cuando la situación ansiógena ha desaparecido y poco a poco va siendo reabsorbida por las neuronas. Es cierto que este descenso puede que no sea uniforme y en ocasiones haya «repuntes» o picos de ascenso que puede que se deban a que estamos nuevamente expuesto a situaciones, sensaciones o pensamientos ansiógenos que nos crean esos picos.

Por último puede ocurrir también que las personas que tienen creencias equivocadas en relación con la ansiedad lleguen a pensar que siempre van a sufrirla de esa manera tan desagradable y limitante cuando esto tampoco es cierto. Existen muchos recursos y formas de gestionarla que hacen que tengamos una vida plena, rica y estable que nos permita convivir adecuadamente con la ansiedad.

Uno de esos recursos, de hecho muy importante, es identificar estas conductas defensivas de las que hablamos e ir eliminándolas poco a poco. Así, de forma gradual iremos haciendo que los cuatro jinetes vuelvan a su redil.

Cuando tengamos bien identificadas estas conductas defensivas pasaremos al recurso o herramienta más potente con que contamos. Una forma de entender el problema absolutamente distinta, una nueva mirada, una nueva actitud que busca una nueva forma de convivir con la ansiedad, recuperar nuestra libertad y dejar de sufrir.

En el siguiente capítulo te contamos cuál es la solución para superar un problema de ansiedad.

IDEAS CLAVE DE ESTE CAPÍTULO

- El problema no es la ansiedad, el problema son nuestras respuestas ante aquellas situaciones que nos provocan ansiedad. Dicho de otra forma, el problema no es la ansiedad, es lo que hacemos cuando sufrimos ansiedad lo que hace de ella un problema.
- Estas respuestas son las que nos hacen sufrir ansiedad. Existen cuatro tipos de respuestas: seguridad, evitación, distracción y tranquilización.
- Para empezar a dejar de sufrir ansiedad, el primer paso es detectar estas respuestas que tenemos.

Capítulo

4

TU MEJOR HERRAMIENTA: La exposición

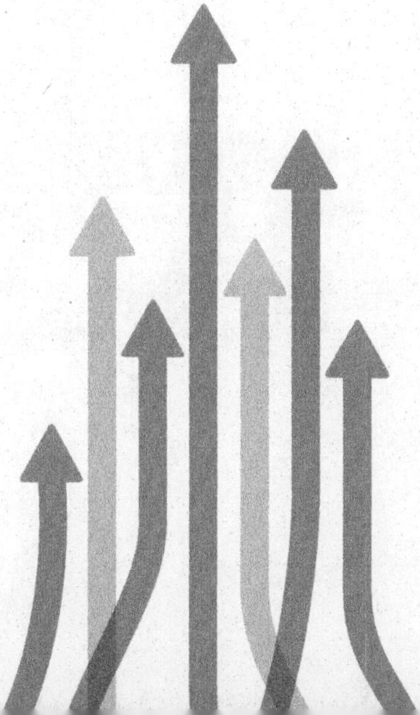

Como ya hemos visto anteriormente, tu cuerpo tiene un fantástico mecanismo de protección que se autorregula: la respuesta de lucha-huida, lo que comúnmente llamamos ansiedad. A pesar de esto, la ansiedad y el miedo a sentir los síntomas de la misma te pueden hacer sufrir tanto que en ocasiones puedes llegar a evitar sentirla a cualquier precio. A veces, tomando un ansiolítico para viajar en avión, otras yendo al médico para pedir más pruebas que descarten que tengas una enfermedad grave, pero también te puede llevar a respuestas más drásticas, como dejar de volar o dejar de ir al médico. Pero como ya sabes, esta evitación alimenta más el miedo a sufrir los síntomas y, con el paso del tiempo, vuelve el problema crónico. A corto plazo puede hacerte sentir mejor, te puede tranquilizar, pero a largo plazo aumenta mucho tu ansiedad y te esclaviza a llevar una vida en la que toda tu energía la centras en evitar lugares, situaciones o relaciones que te hagan sufrir. Lo que puede hacer que acabes limitando mucho tu vida y que, poco a poco, tu ánimo decaiga.

UNA VERDAD INCÓMODA

Teniendo en cuenta todo lo comentado anteriormente, aquí va una verdad incómoda: la única manera que existe para dejar de sufrir ansiedad es enfrentarse a ella, enfrentarse a las situaciones, sensaciones o pensamientos que nos dan miedo. En terapia a esto lo llamamos exposición. Es una estrategia terapéutica que se realiza de forma gradual y consensuada o pactada entre tú y tu psicóloga o psicólogo y que te va a permitir romper por fin la asociación que tienes entre lo que sientes y las situaciones que temes. Así podrás comprobar que las consecuencias negativas que anticipas no ocurren y aprenderás a manejar la ansiedad y el pánico de forma adecuada.

Hay varias formas de hacer estas exposiciones: las puedes hacer en la vida real o en tu imaginación. Siempre es más recomendable hacerlas en la vida real, esto es, en situaciones concretas de tu día a día, en tu entorno e interacciones reales, como cuando una persona sufre ansiedad por subirse a un transporte público y hacemos exposiciones viajando de esta manera. El problema es que no siempre podemos hacer esto, pues hay situaciones a las que no podemos acceder porque no han ocurrido todavía, como, por ejemplo, el miedo a padecer una enfermedad o a perder a un ser querido; situaciones que han ocurrido en el pasado, como, por ejemplo, un trauma asociado a la infancia; o que por motivos de recursos (económicos, tiempo o logística) no podemos acceder a la situación fácilmente, como la ansiedad relacionada con volar en avión. Para este tipo de situaciones a las que no podemos acceder, es ideal que usemos nuestra imaginación. Se trata de una potente herramienta en todos estos casos.

Sea cual sea la forma de hacer la exposición, tenemos que dejar claro que es la técnica clave para superar todos los problemas de ansiedad. Todas las guías de intervención en práctica clínica a nivel internacional recomiendan la técnica de exposición, con sus diferentes variantes, para los problemas de ansiedad y lo hacen como primera recomendación terapéutica.

La exposición es un cambio de actitud radical. Un cambio desde la raíz, desde el origen del problema.

El problema no es la ansiedad. La ansiedad es una respuesta natural a una situación o interacción, un mecanismo que nos prepara para la acción. El problema es lo que haces cuando sientes ansiedad.

Todos los trastornos psicológicos que recogen los manuales diagnósticos y de los que puedes haber oído hablar, tales como el trastorno obsesivo-compulsivo, la ansiedad social, la ansiedad por la salud o el trastorno de pánico, entre otros, son en realidad el intento de solución que la persona que lo sufre pone en marcha cada vez que piensa que va a entrar en contacto con una situación ansiógena.

Por ejemplo, en la ansiedad social el patrón de evitación de los contactos o interacciones sociales es muy fuerte, y la persona que lo sufre evita una reunión con amigos porque siente o anticipa un malestar muy intenso y de esta forma consigue a corto plazo no estar tan mal (su intento de solución). Pero con ello, y sin quererlo, cronifica el problema resultándole cada vez más complicado tener esas interacciones que tanto anhela (convirtiéndolo en un trastorno).

Si sufres ansiedad, seguramente has pasado mucho tiempo evitando, distrayéndote, tranquilizándote o buscando cierta seguridad en todas las situaciones o lugares que te la generan. Esta forma de relacionarte con estos estados internos tuyos —lo que sientes, experimentas o piensas cuando tienes ansiedad— generan una actitud o un comportamiento general respecto a la vida que define una forma de relacionarse o vivir en sí misma. Puedes elegir vivir de esta forma, lo que hará que a corto plazo sientas alivio al no enfrentarte a la situación en el momento, pero que a medio o largo plazo implicará una limitación gradual de tu vida. Hará que te definas poco a poco como una persona cada vez más vulnerable y tendrás una forma de ver el mundo, de ver a los demás o incluso de verte a ti mismo o a ti misma como algo amenazante.

¿Y si pudieras cambiar esa actitud? ¿Y si te dijéramos que mediante la adecuada implementación de un plan de intervención en exposición esta actitud cambiará? ¿Y si te dijéramos que esa actitud vital arrancaría con esos pequeños pasos en relación con situaciones y lugares que te cuesta afrontar, que avanzaría con calma y sin prisas recuperando pequeñas parcelas de tu vida en actividades, lugares, personas y acabaría por crear una nueva visión que lo abarcaría todo, que cambiaría el resto de tu vida?

La clave del éxito de la exposición radica en que, gracias a ese cambio de actitud, nos enfrentarnos a las situaciones temidas y experimentamos con total atención (sin evitar y sin distraernos) lo que sentimos, y de esta forma podemos conseguir gestionar el malestar y sentir mucha menos ansiedad o incluso dejar de sentirla como algo «malo».

Son muy importantes las expectativas que puedas tener cuando te embarcas en la gestión de la ansiedad, por lo que si esperas «acabar definitivamente» con tu ansiedad, «eliminar para siempre» la ansiedad de tu vida o no sufrir «nunca más» ansiedad, te vamos a dar una mala noticia: esto es imposible. Por mucho que lo hayas oído o leído en otros libros que prometen acabar de sentirla, eso es radicalmente imposible. Uno no acaba con la ansiedad. Ya hemos dicho que la ansiedad es una respuesta natural y en ocasiones hasta deseable de nuestro organismo en interacción con una situación potencialmente peligrosa. No te puedes desprender como por arte de magia de un aparataje fisiológico y emocional de miles de años de evolución y que nos ayuda a definirnos como seres humanos. No te puedes desprender de una parte de ti. ¿Eso significa que siempre sufrirás problemas de ansiedad? Por supuesto que no. Una cosa es experimentar ansiedad y otra muy distinta es sufrir ansiedad. ¿En qué se diferencian? Pues que experimentar ansiedad es ser consciente de que la respuesta fisiológica que tu cuerpo está sintiendo es una respuesta natural y no peligrosa, es ser consciente de cómo se manifiesta en tu cuerpo de forma concreta, en forma de qué síntomas físicos e interpretarlos adecuadamente como la respuesta de lucha o huida de la que hemos hablado en lugar de una interpretación negativa o catastrófica.

Experimentar ansiedad es aceptar su presencia y no resistirse a ella. Buscamos una nueva mirada a este fenómeno que experimentamos con todo nuestro ser, buscamos aprender a relacionarnos de forma distinta con lo que sentimos cuando aparece. Sufres ansiedad cuando no aceptas su presencia, cuando la niegas o te resistes a ella: «Uf, estoy sintiendo ansiedad», «no, no, no, que no siga», «no aguanto esto», «que pare ya». Paradójicamente esa manera de reaccionar cuando la ansiedad aparece es la que la transforma en un problema, algo peligroso, inaceptable y que no debes sentir. Tienes que recordar que ninguna emoción permanece eternamente, emerge en la interacción con algo o con alguien, tiene su punto máximo de presencia en intensidad, tiempo o duración y desaparece poco a poco o abruptamente. Les pasa a las emociones «positivas» también. Nadie está eufórico todo el día. Uno de los puntos claves es la interpretación: obviamente cuando te sientes alegre estás en un entorno o en una interacción que tú consideras positiva, sientes la emoción con sus manifestaciones físicas, la aceptas como parte de ese momento y no te resistes a su presencia, la experimentas hasta que se acaba diluyendo. ¿Y si fueras capaz de aceptar la ansiedad de una forma parecida? Pues lo que pasaría seguramente es que no duraría tanto tiempo su presencia, su intensidad en forma de síntomas no sería tan grande y el tiempo en el que la experimentarías sería mucho más breve.

Así que vas a aprender a gestionarla y cuando aparezca otra vez en tu vida, porque va a aparecer, estarás preparado para interactuar con ella, no desde una posición de resistencia, de oposición o bélica, sino desde una posición de aceptación e integración y así la sabrás llevar de forma que no te haga sufrir. Y, como te estamos contando, la mejor manera de conseguir esto es mediante las exposiciones. Ahora veremos cómo hacerlas porque no se pueden hacer de cualquier manera. Una exposición mal hecha es lo que llamamos una acción iatrogénica, es decir, un procedimiento que ponemos en marcha para mejorar algo, pero que de forma no intencional, lo que hace es empeorar la salud mental de la persona. En este caso una mala ejecución puede reforzar las creencias negativas que se tienen en torno a la ansiedad, el miedo a sufrir los síntomas o las conductas de evitación, entre otros muchos efectos indeseados.

LA EXPOSICIÓN COMO HERRAMIENTA PARA CONSEGUIR OBJETIVOS IMPORTANTES

Para realizar adecuadamente las exposiciones tenemos que entender que van a suponer un gran compromiso y un cierto esfuerzo por tu parte. El compromiso es contigo y con el cambio, es ser consciente de lo que quieres cambiar en tu vida y tener la voluntad para cambiarlo. Aquí no hablamos de tener fuerza de voluntad, aquí cuando hablamos de voluntad lo hacemos como la capacidad para decidir con libertad cambiar y el compromiso con esa decisión, es decir, que tengas claro que todo el esfuerzo que pueda suponer el proceso de cambio te va a reportar cosas muy buenas en tu vida. Es sacrificar algunas cosas a corto plazo para obtener cambios importantes a medio o largo plazo.

Así que para que nuestras exposiciones sirvan realmente las tenemos que hacer bien y esto significa hacerlas de forma jerarquizada, ordenando las situaciones, actividades o interacciones que nos generan ansiedad en una escala subjetiva de malestar que te vamos a explicar un poco más adelante. Estas exposiciones tienen que hacerse de forma sistemática, repitiendo una y otra vez cada una de esas situaciones, actividades o interacciones que nos genera ansiedad avanzando poco a poco y creando un entorno de seguridad adecuado para nosotros. Solo así podemos conseguir disminuir la intensidad de lo que sentimos, reducir la aparición de los momentos en los que nos sentimos ansiosos y acortar el tiempo en el que estamos sufriendo. A este proceso se le conoce como «habituación».

La habituación es otro de los procesos heredados evolutivamente y que algunos investigadores, como Eric Kandel, consideran la forma más primitiva que los organismos tienen de aprender. La habituación es ese proceso que te permite llegar a dormirte con el sonido continuo de la lavadora de fondo o, gracias al cual, cuando entras en un mercado de abastos a comprar pescado dejas de olerlo al cabo de un tiempo. La habituación es el proceso opuesto a la sensibilización, que también está en la base de la adquisición de cierta sensibilidad a la ansiedad por parte de muchas personas. En este caso en lugar de responder menos ante el estímulo como se da en la habituación (cada vez te fijas menos en el ruido de la lavadora o pasado un tiempo no te afecta tanto el intenso olor del pescado) respondes más ante el estímulo desagradable o aversivo como los síntomas de la ansiedad, generando así una respuesta negativa más rápida y sensibilizándote más ante la misma.

Otro ejemplo que usamos mucho en sesión para explicar la habituación es el siguiente: imagina que vas a un parque de atracciones y te subes por primera vez en la montaña rusa, aunque si eres una persona sensible a la ansiedad, posiblemente los parques de atracciones no sean uno de tus lugares favoritos. Probablemente antes de subirte a la montaña rusa ya empieces a experimentar una elevada activación fisiológica, es decir, sientas cierta ansiedad. Ansiedad que va incrementándose a medida que la cola avanza y te coloca poco a poco en el puesto de salida, o cuando te sientas y comienza a moverse el vagón, y llega a un punto álgido cuando te acercas lentamente al filo de la enorme rampa que el vagón acaba de subir mostrándote una panorámica espectacular (y desde muy alto) del parque y que sabes que estás a punto de caer casi en vertical. En ese momento tal vez te agarres fuertemente al manillar, sientas taquicardia, se te acelere la respiración, sudes o incluso grites en esa caída. ¿Qué crees que pasaría si te montaras diez veces seguidas en esa misma atracción? Seguramente las últimas veces ya no experimentarías ese nivel tan alto de activación. Tal vez hasta sonreirías para la foto que te hacen en el momento de la caída y que te puedes llevar de recuerdo. Esto es la habituación y en ella se basan todos los tratamientos para los problemas de ansiedad.

Las exposiciones, como hemos comentado, deben hacerse de forma gradual, es decir, tienes que ir enfrentándote a las situaciones empezando por las más fáciles hasta llegar a las más difíciles, desde las que te generan menos malestar o ansiedad hasta las que consideras que te generan más. Lo ideal es establecerlas de una forma escalonada para conseguir paso a paso pequeños avances. Y, de esta forma, aquellas situaciones que ahora te parecen imposibles de enfrentar no te resultarán tan difíciles a medida que vayas avanzando. La habituación, que es la técnica más importante para superar los problemas de ansiedad, se hace siguiendo una serie de pasos que te vamos a explicar a continuación. Pero antes, hay una cosa muy importante que debes tener en cuenta. Estas exposiciones deben hacerse «sintiendo ansiedad», es decir, si no nos enfrentamos a una situación que nos provoca ansiedad, no es una exposición, por tanto, para asegurarnos debemos eliminar antes cualquier conducta que a corto plazo reduzca o elimine la ansiedad en la propia exposición, y debemos identificar y eliminar las conductas defensivas de las que hablamos en el capítulo anterior.

La exposición en imaginación

La exposición en imaginación es una variación de la técnica de exposición en vivo. La dinámica es la misma, solo que aquí lo que hacemos es imaginar de forma deliberada, sistemática y lo más vívida posible que se están experimentando las situaciones y los estímulos temidos.

Esta variación de la técnica es especialmente útil cuando no podemos enfrentarnos a la situación en vivo por limitación de recursos. También puede servir para enfrentarnos a determinadas preocupaciones excesivas u obsesiones. También cuando incluso después de enfrentarnos en vivo a las situaciones aún tenemos miedo a las peores consecuencias (como, por ejemplo, tener un infarto o sufrir un desmayo). La podemos usar antes de hacer una exposición en vivo cuando la ansiedad es muy alta para conseguir una pequeña habituación previa y bajar los niveles de ansiedad. También en aquellos casos en que tras enfrentarnos a alguna situación, no ha salido como esperábamos y tenemos miedo de volver a enfrentarnos a ella.

Es una técnica un poco más complicada de llevar a cabo tú solo. No todo el mundo puede hacer buenas exposiciones en imaginación ya que uno de los requisitos más importantes para su uso es que tengas muy buena imaginación y seas capaz de sentir con tus cinco sentidos (oído, vista, tacto, olfato y gusto) lo que recreas en tu mente.

EXPONIÉNDONOS PASO A PASO, POCO A POCO

Recapitulemos. Ya sabes qué es la ansiedad, sabes que puede ser tremendamente desagradable, pero que nunca es peligrosa. Sabes que, como cualquier otra emoción, es pasajera y no dura eternamente. Y, lo más importante, sabes que ciertas acciones o conductas que llevas a cabo cuando la ansiedad aparece (conductas defensivas) pueden hacer que esta se prolongue en el tiempo; en lugar de reducirla pueden agravarla volviéndola más crónica y limitante en tu vida.

También sabes que la mejor herramienta con la que contamos para gestionarla es la exposición y que para ello vas a tener que empezar a exponerte gradualmente a las situaciones que tanto temes. Parece aterrador y puede que creas que no tiene ningún sentido, pero es lo que te permitirá comprobar lo que venimos diciendo: que, en realidad, las sensaciones que provoca la ansiedad y sus consecuencias negativas no son tan terribles como piensas.

Esta es la forma más efectiva para aprender que la ansiedad se puede gestionar y que puedes romper esa asociación tan terrible entre las situaciones que te dan miedo y la ansiedad para poder responder de manera distinta a ellas. Para relacionarte de forma distinta con la ansiedad.

También sabes a estas alturas que esta exposición requiere un esfuerzo muy grande por tu parte a lo largo del tiempo, que lamentablemente no se consigue de hoy para mañana, y que va a suponer tener que soportar algo de ansiedad y malestar mientras estés en este proceso. Recuerda el compromiso de sacrificar cierto bienestar a corto plazo —porque dejarás de evitar, tranquilizarte, distraerte o buscar seguridad cuando entres en contacto con la ansiedad— por un beneficio mayor a medio-largo plazo en tu vida: dejar de sufrir por ansiedad.

Recuerda que las situaciones que te generan muchísima ansiedad y que ahora crees no ser capaz de enfrentar no serán tan difíciles a medida que vayas avanzando en este punto. Recuerda que afrontar estas situaciones poco a poco es la única manera de manejar tu problema de forma definitiva.

Es importante que tengas claros todos estos puntos antes de seguir avanzando. Tener claro que las técnicas de exposición consisten en enfrentarte conscientemente y de forma repetida a determinadas situaciones (por ejemplo, coger un avión, dar una charla en público, etc.) o sensaciones internas (desmayos, preocupaciones, obsesiones...) que te generan ansiedad (u otras emociones «negativas» como la ira, por ejemplo) y/o que provocan que tengas el impulso de hacer algo (por ejemplo, lavarte las manos compulsivamente, vomitar, etc.).

Cuando te expones a una situación o sensación debes permanecer en ella o centrarte en esa sensación que tienes hasta que la ansiedad se reduzca significativamente. Tienes que afrontar las situaciones, interacciones o sensaciones que te generan ansiedad de forma directa, cruda, sin distracciones ni elementos que interfieran.

En ocasiones puede ocurrir que cuando empieces a hacer exposiciones haya un aumento de tus pensamientos negativos relacionados con las situaciones a las que estés exponiéndote, quizá aparezcan pesadillas o sientas más cansancio después de enfrentarte a estas situaciones, a lo mejor durante un tiempo estés más irritable y te sobresaltes con facilidad. Si te pasa alguna de estas cosas, no te preocupes, es normal y es temporal. Quiere decir que estás trabajando bien y que pronto te encontrarás mejor. Después de la tormenta siempre llega la calma.

Vamos a ver cómo llevar a cabo las exposiciones paso a paso.

El primer paso es hacer un listado de aquellas situaciones generales que te dan miedo y evitas. Apunta en esta lista todas aquellas situaciones que no llevas a cabo por miedo a que aparezca la ansiedad. Pueden ser, por ejemplo, coger el coche (como en el caso de Carmen), hablar en público (como en el caso de Juan) o cocinar con un cuchillo (como en el caso de Miguel).

Una vez que hayas hecho este listado de situaciones generales vamos a coger cada una de ellas y crear situaciones muy específicas que generen distintos grados de ansiedad. Esto es lo que en psicología se conoce como hacer una jerarquía. Las jerarquías son únicas e individuales, es por ello que a lo mejor no te identificas completamente con la que ponemos de ejemplo. Si elegimos «hablar en público» como situación a la que enfrentarnos, debemos saber que hay personas a las que les puede dar más ansiedad dar una charla a personas con autoridad que dar una charla antes más de cincuenta personas. La idea es que puedas hacer tu jerarquía por tu cuenta y puedes inspirarte en esta que ponemos de ejemplo a continuación. La jerarquía se hace mediante un listado de todas las situaciones que tienen que ver con «hablar en público» para luego ordenarlas de menor a mayor ansiedad. Nuestro ejemplo quedó así:

- Exponer un tema general delante de una persona que veas como una autoridad (por ejemplo, un trabajo delante de un profesor en una tutoría).
- Exponer un tema general delante de un compañero (habría que especificar el nombre) en el aula de clase.
- Dar una charla sobre un tema que conozco a mis familiares (especificando qué tema, a quiénes y dónde).
- Dar una charla sobre un tema que conozco a mis amigos (especificando qué tema, a quiénes y dónde).
- Hacer una exposición en clase delante de 5-10 personas (especificando qué tema, a quiénes y dónde).
- Hacer una exposición en clase delante de más de 10 personas (especificando qué tema, a quiénes y dónde).

Como puedes imaginar la clave está en incluir variables que afectan a tu experiencia de la ansiedad, aspectos que hacen que puedas sentir más o menos ansiedad. En ocasiones son pequeños detalles. Por ejemplo, no será lo mismo —es decir, no te generará la misma ansiedad o inquietud— exponer un tema general delante de un compañero con el que tienes mucha confianza y has trabajado muchas veces antes que delante de otro con el que no lo has hecho nunca o no tienes confianza.

Así puedes ordenar estas situaciones específicas de menor a mayor ansiedad puntuándolas en una escala subjetiva del 1 al 10, donde 1 es casi nada de ansiedad y 10 es la máxima ansiedad que hayas sentido a lo largo de tu vida. No hace falta que incluyas todas las situaciones de una vez, puedes ir añadiendo el resto más adelante a medida que vayas avanzando. La jerarquía que estás creando está viva e irá cambiando poco a poco, enriqueciéndose en matices a lo largo del tiempo que la estés creando. Cuando la hayas acabado vuelve a repasarla en conjunto y mira a ver si teniendo todas las situaciones de la lista sigues puntuándolas igual.

Una vez que tengas las jerarquías hechas para cada una de las situaciones generales (aunque estén elaboradas en parte), puedes empezar a exponerte. Lo ideal es que escojas una o varias de las situaciones específicas de distintas jerarquías cuando sea posible para que vayas trabajando diferentes situaciones a la vez y sientas que avanzas más rápidamente.

Algunas preguntas que te puedes hacer sobre las exposiciones:

¿De qué manera me preparo antes de la exposición?

Lo mejor es que identifiques los pensamientos negativos y las consecuencias negativas que asocias a la situación a la que te vas a exponer. Esto te permitirá luego comprobar si es cierto o no. Si te es más fácil, puedes apuntarlos en una libreta que tengas a mano o en el mismo móvil.

¿Cuándo es mejor hacer las exposiciones?

Con el ritmo de vida que llevamos lo más seguro es que tengas muchas cosas que hacer, así que lo ideal sería que cuando te planifiques una exposición no pongas nada importante o urgente de tu rutina después, es un momento especial al que tenemos que dedicarle todo el tiempo que sea necesario, sin prisas.

¿Cómo empiezo a exponerme?

Empieza de forma gradual dentro de cada una de las situaciones que te generan malestar y que previamente haz puntuado de menos a más, lo que llamamos jerarquías. Comienza por una situación que te genere poca ansiedad, pero que a la vez suponga un reto para ti (aunque sea pequeño), y ve avanzando. Busca tu ritmo, gestiona bien tu tiempo y tus recursos para poder hacer las exposiciones y recuerda que si te expones pocas veces, vas a sentir que el progreso va muy lento y puede que llegues a perder la motivación. Igualmente, si vas demasiado rápido, a lo mejor pasa todo lo contrario, te sobreexpones de tal manera que no controlas bien la intensidad del malestar y puede que lo dejes por el sufrimiento que te genera y evites la situación o escapes de ella una vez que te hayas expuesto. Por ello es clave que encuentres tu propio ritmo.

¿Y si al exponerme me entra mucha más ansiedad de lo que esperaba?

Debes tener en cuenta que algunas situaciones pueden parecerte fáciles al principio, pero de repente pueden convertirse en situaciones con más ansiedad de la esperada. Por ejemplo, si tienes fobia a volar y empiezas a exponerte al avión en trayectos cortos y tienes la mala suerte de que hay problemas para aterrizar o mal tiempo. O vas a una fiesta donde esperabas encontrar solo a tus amigos y sentirte tranquilo o tranquila, pero resulta que han invitado a muchísimos desconocidos con los que tendrás que interactuar. Si pasara alguna de estas situaciones y te ves capaz, puedes seguir con la exposición, esto es lo ideal, pero si no, puedes irte de forma momentánea (también te puedes «ir» a través de la utilización de conductas de seguridad y tranquilización), dejar que la ansiedad baje una vez que estés fuera de la situación y volver. O en el peor de los casos, irte y volverte a enfrentar a ella lo más pronto posible. Por ejemplo, cuando trabajamos con exposición a transportes, como viajar en tranvía, podemos en un momento determinado dejar a la persona bajarse en una parada y dejar pasar el tranvía. Cuando la ansiedad baja, le pedimos que se suba en el próximo tranvía que llegue y que continúe la exposición. Evidentemente, si estás volando, esto no lo puedes hacer, por lo que también entendemos por abandonar una situación el empleo de conductas de tranquilización momentáneas, como utilizar estrategias de respiración y relajación. Pero ten en cuenta que solo puedes irte de la situación de forma temporal; si no vuelves a exponerte, acabarás teniendo más miedo a enfrentarte a la misma. Si pasas a otra situación de la jerarquía y tienes demasiada ansiedad, lo ideal es que encuentres otra situación intermedia entre esta y la anterior a la que te enfrentaste. Y si aun así sigue siendo muy difícil, puedes intentar buscar a alguien que te acompañe y te dé apoyo. Pero esta compañía debe ser también temporal. Para dar por superada una situación debes enfrentarte a ella por ti mismo o por ti misma en sucesivas ocasiones.

¿Hay alguna pauta que me ayude a mantener la atención durante la exposición o que evite que me distraiga?
Que tu atención se fije en otros aspectos que no nos interesan es normal. Para mantener la atención sobre los síntomas o las sensaciones puede ser útil que durante la misma exposición y

cuando estés sintiéndolos vayas anotando cada cierto tiempo (cinco minutos, por ejemplo) lo que sientes de 0 a 10, donde 0 es nada y 10 es la máxima intensidad de la sensación comparada con esa misma sensación a lo largo de tu vida. Esto requiere de tu honestidad a la hora de no distraerte o de no hacer nada que te aleje del contacto directo con los síntomas y las sensaciones que tanto has evitado hasta ahora. Recuerda que la ansiedad puede ser desagradable, pero nunca es peligrosa y siempre pasa.

¿Cuántas veces me expongo a cada situación?

Lo mejor es exponerte una y otra vez a la misma situación hasta que la ansiedad sea mínima (un 3 o menos en una escala del 0 al 10). Pero no lo hagas solo una vez, hazlo por lo menos dos para asegurarte de que ya casi no hay ansiedad. Una vez que alcances esta puntuación, puedes pasar a la siguiente situación de tu lista, y así sucesivamente. Recuerda que la práctica es la clave. Lo ideal es practicar varias veces a la semana. Aunque puede ser que no puedas exponerte todas las veces que te gustaría. Esto va a depender de muchas cosas: el tiempo del que dispongas al día, el acceso a las situaciones de exposición, la motivación del cambio, etc. Nosotros te diríamos que cuantas más exposiciones hagas mejor, pero al principio tómatelo con calma, ve poco a poco; si lo haces bien, el efecto positivo que resulta de exponerte a situaciones concretas puede que facilite posteriores situaciones a las que no te has expuesto todavía y así, al igual que el miedo se extiende como una mancha de aceite en el mar, la habituación se puede generalizar a otras situaciones y facilitar mucho el proceso de cambio.

Cuando me esté exponiendo en una situación que me da ansiedad ¿qué hago?

El objetivo es que consigas centrarte en las sensaciones y en los síntomas de ansiedad que te genera la situación. Es muy importante que nada te distraiga, es fundamental para el proceso de aceptación completa.

¿Cuánto tiempo debe durar una exposición?

La clave está en lo que sientes, no en el tiempo. Siempre que la situación te deje, debes permanecer en ella hasta que la ansiedad baje bastante. Cuando la ansiedad que sientes y que puedes ir anotando en un registro de exposición (en el mismo móvil o en una libreta) durante la exposición haya descendido a la mitad o menos del valor más alto que has registrado durante la misma, puedes dejar de exponerte e irte de la situación. Por ejemplo, imagina que comienzas a exponerte a una situación que has elegido y empiezas sintiendo un malestar que valoras con un 6, a los cinco minutos sientes que ha subido a un valor de un 7, después de otros cinco minutos ha subido a un 8 y posteriormente permanece en ese valor unos minutos más. Al cabo de un tiempo empieza a bajar poco a poco. Sientes que ha bajado a un 6 y que poco a poco sigue descendiendo.

¿Cuándo acaba el ejercicio?, ¿cuándo dejo de exponerme a la situación?

En general, cuando la intensidad de nuestra ansiedad haya bajado a la mitad del valor máximo que haya adquirido en la exposición. Siguiendo con el ejemplo anterior, cuando nuestra ansiedad tenga una puntuación de 4 o menos, ya que el máximo en ese caso fue un 8. Habrá situaciones a las que te expongas en las que el ejercicio dure cuarenta y cinco minutos o una hora y otras en las que pueda durar quince o veinte minutos. Todo depende del valor máximo que tu ansiedad haya alcanzado en cada situación y la rapidez con la que te habitúes al mismo. Así que, como hablamos, planifica bien las exposiciones, pues no sabes realmente el tiempo que vas a necesitar hasta que las lleves a cabo. En ocasiones una situación puede que no te deje permanecer ahí el tiempo que necesitas para reducir la ansiedad que te genera, como se puede dar en el caso de que nos hayamos propuesto viajar en avión de Gran Canaria a Tenerife, cuyo trayecto es de treinta minutos. Si tienes situaciones similares, deberás repetirlas tantas veces como puedas en un corto período de tiempo. No olvides que para que la exposición funcione debes eliminar completamente todas las conductas defensivas que forman parte de los cuatro jinetes y que has usado hasta ahora. En el caso de la fobia a volar algunas de las más comunes son: chequear la meteorología antes de subir al avión para saber si va a haber turbulencias, llevar ansiolíticos encima, hablar con el personal para decirles que tienes fobia a volar, sentarte en el pasillo o ventana (depende de lo que sea «más seguro» para ti o distraerte en el despegue y el aterrizaje escuchando música, hablando con alguien o leyendo.

¿Y si me expongo a una situación y no me da ansiedad?

No pierdas de vista el objetivo de estos ejercicios: una exposición la consideramos un éxito solo si te provoca malestar porque lo que necesitamos es aprender a relacionarnos de forma distinta con nuestra ansiedad y para ello debemos buscar situaciones que nos la generen. No pretendas no sentir ansiedad en una situación determinada, pues no es bueno para nuestro objetivo. Si te expones a una situación que creías que te iba a generar mucha ansiedad y no sientes nada, algo está pasando. Posiblemente estás empleando alguna conducta defensiva sin darte cuenta que te reduce la ansiedad y evita que la sientas.

¿Qué hago después de la exposición?

Lo mejor es hacer una evaluación realista de lo que has vivido para que puedas valorar lo que has hecho bien (pautas de exposición bien ejecutadas) y lo que puedes mejorar la próxima vez. Presta especial atención porque lo más probable es que tiendas a minimizar todo lo positivo que logres o exageres las cosas que no hayas hecho tan bien. Es importante tener en cuenta aquellos cambios que tengas que hacer de cara a volver a exponerte a una situación parecida en el futuro.

¿Durante cuánto tiempo tendré que hacer estos ejercicios?

No hay un tiempo específico. Depende de muchas cosas, como el número de situaciones que registres, la intensidad del malestar de cada una de ellas, el número de veces que te expongas, etc. No olvides que el progreso no va a ser lineal. Irás avanzando, pero tendrás altibajos. Lo que consigas un día, puede costarte mucho más al día siguiente. Esto es inevitable y es parte de este trabajo que vas a hacer contigo mismo o contigo misma para superar la ansiedad. Lo importante es que no pierdas de vista por qué estás dedicando tanto esfuerzo a esto (esa primera lista que hiciste cuando empezaste a leer este libro) y que sigas practicando para avanzar lo más rápido que puedas.

¿Tengo que repetir las exposiciones?

Lo más seguro es que necesites llevar a cabo varias exposiciones en las mismas y distintas condiciones para habituarte a la ansiedad y dejar de anticipar negativamente lo que puede ocurrir. Lo ideal es que estas exposiciones sean cercanas en el tiempo y de forma repetida.

A continuación, te dejamos una guía para hacer estas exposiciones de la mejor manera posible.

Guía resumen para hacer una exposición:

Paso 1. Haz una lista de las situaciones generales.

Paso 2. Haz una jerarquía con situaciones específicas dentro de cada situación general.

Paso 3. Elige una de las situaciones específicas que menos ansiedad te genere, pero que suponga un reto para ti.

Paso 4. Identifica las anticipaciones negativas y apúntalas.

Paso 5. Enfréntate a la situación siempre que sea posible sin permitir que ninguno de los cuatro jinetes esté presente.

Paso 6. Cuando sientas que la ansiedad ha bajado a la mitad o menos de la ansiedad más alta experimentada, puedes acabar con el ejercicio, abandonar la situación o hacer uso de tus estrategias habituales.

Paso 7. Repite los pasos 5 y 6 en la misma situación hasta que la ansiedad que te genere esa misma situación sea mínima o nula.

Paso 8. Cuando hayas repetido o te hayas enfrentado dos veces a esa misma situación con muy poca ansiedad o sin ansiedad, vuelve al paso 3. Y así sucesivamente con cada una de las situaciones que temes.

IDEAS CLAVE DE ESTE CAPÍTULO

- La única manera de superar un problema de ansiedad es por medio de la exposición.
- La exposición consiste en enfrentarnos de forma deliberada y sistemática a situaciones o estímulos internos que nos generan ansiedad sin llevar a cabo ninguna conducta de seguridad, evitación, distracción o tranquilización.
- La exposición se puede llevar a cabo de distintas maneras: en vivo o en imaginación.

Capítulo

5

LA ANSIEDAD Y SUS DISTINTAS CARAS:

los trastornos de ansiedad

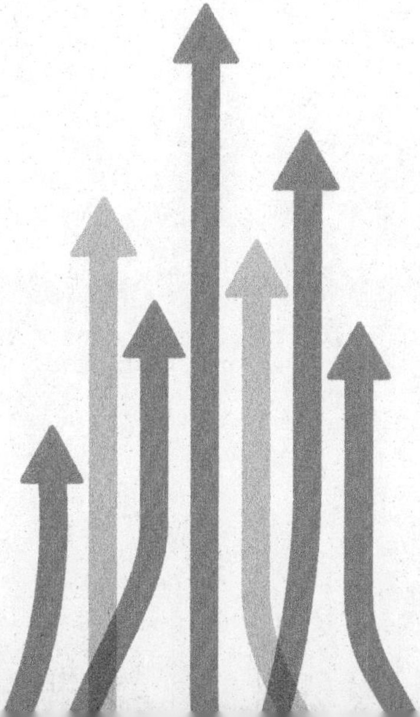

Nos encantan las etiquetas, las usamos continuamente. Son esos adjetivos que unimos a algo o a alguien para crearnos una imagen rápida de lo que estamos hablando. Por ejemplo, cuando decimos que Juan es cariñoso y María es muy inteligente usamos estos adjetivos a modo de etiquetas y podemos hacernos una idea de cómo son Juan y María sin conocerlos profundamente.

Una etiqueta es un concepto que usamos para describir un grupo de características o conductas y tienen su razón de ser en la economía del lenguaje ya que ahorramos mucho tiempo usándolas en lugar de hacer referencia a todas las características, aspectos o conductas que definen esa etiqueta. En determinadas circunstancias es un acierto, pues si tuviéramos que estar especificando continuamente a qué nos referimos con cada etiqueta, las conversaciones serían interminables.

Sin embargo, las etiquetas tienen un lado oscuro. Debido a esta economía del lenguaje, cuando hablamos de características personales o aspectos que hagan referencia a algo muy personal pueden tener efectos negativos.

Imaginemos que Jorge es nuestro compañero de piso y cada vez que viene de la calle deja sus cosas en el salón en lugar de en su cuarto, algo que a nosotros nos molesta. Podemos decirle «Jorge, eres un desastre» o «eres un desordenado» haciendo claramente alusión a esa conducta. Sin embargo, al decir «eres» englobamos a su persona en conjunto y no lo que hace. ¿Cómo crees que Jorge recibe este comentario? Posiblemente él no crea que «es desordenado» y nos pueda dar muchos ejemplos en los que no lo es (lo limpia que deja siempre la losa cuando le toca lavarla o cómo tiene su zapatero). Fíjate que si cambiamos el foco y no le reprochamos cómo «es», sino lo que «hace», la cosa cambia mucho. Si en lugar de usar la etiqueta «desordenado» para describirle a él, describimos de forma concreta los aspectos de su conducta que no nos gustan, cambia mucho la situación. Si en lugar de decirle «eres un desordenado» le decimos «cada vez que llegas de la calle dejas tus cosas en el salón», pasamos de decirle lo que «él es» a decirle concretamente lo que «él hace». Es más fácil cambiar lo que «hacemos» que lo que «somos».

Si las etiquetas que usamos en nuestro día a día son delicadas, imagínate las etiquetas diagnósticas utilizadas en el ámbito de la salud mental o para hacer referencia a la misma. Y con estas etiquetas queremos referirnos a los diagnósticos que los profesionales de la salud mental hacen sobre la base de criterios clínicos registrados en los principales manuales de uso clínico, como, por ejemplo, «fobia específica», «depresión» o «trastorno obsesivo compulsivo». Imagina lo que puede sentir Juan si decimos que es un «neurótico» o María si nos referimos a ella como la «depresiva». Las etiquetas diagnósticas que hacen referencia a aspectos de la salud mental son especialmente peligrosas por diversas razones:

1. Estigmatizan. Suelen tener una connotación negativa asociada. Etiquetas que definen a la persona como «depresiva», «histérica» o «ansiosa» suelen ser vistas a nivel social como signos de debilidad o flaqueza de carácter. Consiguen que la persona se avergüence de sentir lo que siente y revictimizan su situación, haciendo que lleven este sufrimiento en secreto en

lugar de con el adecuado y necesario apoyo comunitario.

2. No explican, describen. Al ser la descripción de un conjunto de respuestas que tiene la persona o conductas habituales realmente no explican por qué se dan, solo nos dicen que están presentes. En términos de ayuda no nos sirven porque decir que una persona está «deprimida» solo informa de que puede, por ejemplo, «llorar más de lo habitual», «tener pensamientos negativos» o «no tener energía para hacer nada», pero no dice por qué está así, qué lo ha provocado, qué lo está manteniendo, etc. Y esto son aspectos claves para poder cambiar esa situación.
3. Cuando las etiquetas se utilizan para explicar algo, se vuelven tautológicas o circulares. Esto se entiende mejor con un ejemplo cotidiano. Imaginemos que Pedro pega en el colegio a sus compañeros de clase. Cuando preguntamos por qué Pedro pega a sus compañeros, los profesores o los padres nos dicen que es porque es agresivo. Así que Pedro pega porque es agresivo. ¿Y por qué es agresivo Pedro? Pues eso, porque pega en el colegio. Razonamiento circular, una falsa explicación. No sabemos realmente el motivo por el que Pedro pega en el colegio y creemos tener la explicación: porque es agresivo.
4. Las etiquetas pueden llegar a hacer creer a la persona que la define cuando no es así. Una etiqueta diagnóstica jamás te definirá. Eres un conjunto tremendamente complejo y variado de conductas, pensamientos, sentimientos y sensaciones en continuo cambio e interacción con el mundo.
5. A un profesional de la psicología que quiera ayudarte tampoco le resultan muy útiles las etiquetas porque

como estas únicamente describen el problema de forma genérica y no explican por qué se ha dado el problema o trastorno, dicho profesional tendrá que hacer un análisis individual y pormenorizado de tu caso para poder ayudarte.

Teniendo en cuenta que estas etiquetas diagnósticas no definen a ninguna persona pueden resultar útiles a los profesionales por esa economía del lenguaje que hablamos y por la aplicación a otros ámbitos profesionales más concretos, como en la investigación y el diseño de intervención (por ejemplo, el conocer la prevalencia de trastornos o problemas psicológicos asociados al género u otras variables relevantes), o en el ámbito legal y forense.

Nosotros tocaremos algunas de esas etiquetas a lo largo del libro y especificaremos adecuadamente su uso, aunque no seamos partidarios de las mismas. Consideramos que el sufrimiento y el dolor que siente una persona, así como todos los problemas derivados de esa condición, son difícilmente objetivables. Es artificial categorizar ese sufrimiento en entidades independientes y no por no usar una etiqueta este sufrimiento es menor o menos importante. Es necesario que entiendas que no has de adecuarte a los criterios de ningún manual para que tu dolor o tu sufrimiento sean totalmente lícitos y dignos de requerir ayuda profesional. Nuestro desacuerdo en su uso tiene mucho que ver con la tendencia al mal uso o abuso de las etiquetas diagnósticas en la vida cotidiana que banalizan y estigmatizan el sufrimiento de muchas personas.

Tampoco creemos que en la práctica clínica sean útiles más allá de lo comentado y consideramos que para las personas con las que trabajamos lo son solo a un nivel descriptivo. Algunas personas necesitan ponerle nombre a lo que les pasa y darles una etiqueta las tranquiliza porque es un problema que está catalogado, que no es exclusivo de ellas, que por sufrirlo no son raras o únicas. Esto puede resultar un consuelo para muchas personas y debemos respetar esa decisión.

SENTIR ANSIEDAD O SUFRIR ANSIEDAD

Parece lo mismo, pero no lo es. Los matices son importantes. Todos, sin excepción, sentimos ansiedad en nuestra vida de manera habitual. Recuerda que es una psicoactivación y esta puede ocurrir en respuesta a numerosas situaciones. Cuando escuches decir a alguien que no tiene ansiedad, lo que quiere decir es que no sufre por ansiedad, en ese momento al menos, no que no sienta ansiedad, y este es un punto clave.

Cuando te enamoras y sientes esas mariposillas en el estómago, esa necesidad de ver a la persona, ese nerviosismo, ese no parar de pensar en ella... ¿sabes que estás sintiendo ansiedad?

Cuando vas con el coche en una calle estrecha y un balón aparece de la nada y frenas justo a tiempo para no atropellar al niño que viene detrás... ¿sabes que estás sintiendo ansiedad?

Cuando te dan una buena noticia, y sientes ese pico de euforia que te hace saltar de alegría.... ¿sabes que estás sintiendo ansiedad?

Todas estas situaciones generan ansiedad. La ansiedad está más presente en tu vida de lo que crees. La sientes muy a menudo, por eso es importante puntualizar ese detalle: una cosa es sentir ansiedad y otra sufrirla.

Sufrimos ansiedad cuando esta se experimenta como algo negativo, cuando sus síntomas nos perturban mucho o nos dan miedo, cuando limita nuestra vida en cualquiera de sus formas.

En este caso, si acudimos a un profesional de la salud mental, este nos puede decir si padecemos de un trastorno psicológico, es decir, una etiqueta diagnóstica que agrupa una serie de signos (aspectos objetivos, observables e incluso cuantificables, como el enlentecimiento motor o el llanto) y síntomas (aspectos más subjetivos del sufrimiento, como apatía, desgana o falta de motivación) que tienden a aparecer de forma conjunta y forman lo que se conoce como cuadro psicopatológico. Estos trastornos pretenden organizar y clasificar los problemas psicológicos y emocionales en categorías y se recogen en manuales de clasificación diagnóstica. Los que más se usan son el *Manual Diagnóstico y Estadístico de los Trastornos Mentales*, o DSM por sus siglas en inglés, y la *Clasificación Internacional de Enfermedades*, o CIE por sus siglas en inglés, de la Organización Mundial de la Salud.

En los capítulos que vienen a continuación, citaremos algunos trastornos con la intención de analizar los signos y los síntomas más comunes, las conductas más habituales que suelen darse, así como los límites que las personas que los sufren pueden tener para posteriormente dar herramientas adecuadas a las características comunes que estos problemas comparten. Sin embargo, no hay que olvidar que, sin importar el nombre o la categoría diagnóstica que tengamos con relación a la ansiedad, esta se afronta de igual forma: mediante la exposición. Si bien es cierto que hay pequeñas pero importantes consideraciones que tenemos que tener en cuenta en cada situación. Veremos ejemplos de personas con las que hemos trabajado y que nos ayudarán a entender los entresijos de cada trastorno de ansiedad y nos servirán de guía para poder darte soluciones prácticas y eficaces a tu problema.

IDEAS CLAVE DE ESTE CAPÍTULO

- Las etiquetas nos ayudan a resumir el mundo y nos dan información importante.
- A veces, las etiquetas pueden ser contraproducentes. Sobre todo, cuando queremos cambiar conductas concretas.
- En este libro utilizaremos las etiquetas para poder englobar de forma general lo que las personas que sufren un determinado problema de ansiedad suelen pensar, sentir y hacer, y de esta manera daremos estrategias para superarlo.

Capítulo

6

TENER MIEDO AL MIEDO:

el trastorno de pánico y la agorafobia

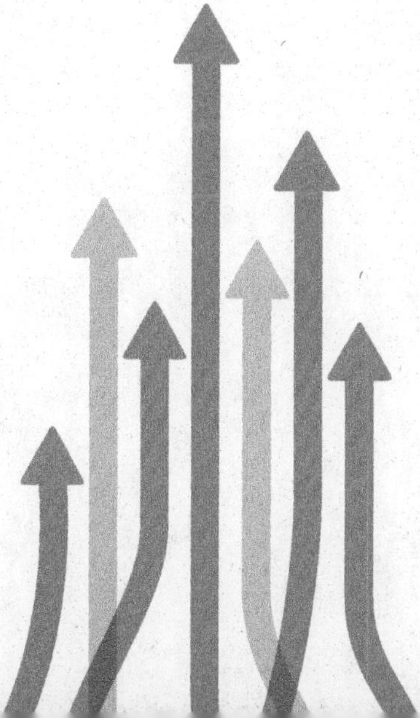

«Cuando sientes que la ansiedad está creciendo solo deseas que pare, y sin embargo, eso no ocurre. Es un tsunami que arrasa con todo, con todos mis pensamientos y todos mis sentimientos dejando únicamente a su paso una enorme cantidad de miedo, desolación y caos en mi interior.»

Carmen

La primera cita que tuvimos con Carmen fue *online*, la hicimos por videollamada, una forma de hacer terapia que ha demostrado una eficacia similar a la presencial. A pesar de que vivía a solo diez minutos en coche de nuestro centro, nos dijo que no se veía capaz de asistir de forma presencial. En aquella primera sesión nos contó cómo había sido su primer ataque de pánico: «Estaba conduciendo cuando empecé a sentir un dolor muy fuerte en el pecho, una taquicardia tremenda, me costaba respirar, empecé a ver borroso, estaba muy mareada y pensaba que me iba a desmayar, que me iba a dar algo, que me podía dar un infarto. Creí que iba a perder el control del coche. En el hospital descartaron cualquier problema físico y me dijeron que se trataba de un ataque de pánico. Desde entonces empecé a dejar de salir, primero no cogía el coche, luego dejé de coger el transporte público y fui dejando poco a poco de salir de casa».

Era evidente que este incidente le había condicionado y limitado toda su vida posteriormente. Como ella misma nos explicó, lo primero que ocurrió es que dejó de conducir porque temía que le volviese a pasar algo parecido. De esta manera, durante un tiempo puso en marcha algunas conductas defensivas. Al evitar coger el coche ella intentaba evitar que el episodio se repitiera. El problema, como ya hemos comentado, es que las conductas defensivas eliminan o reducen la ansiedad a corto plazo, pero la agravan a largo plazo. De esta forma, empezó a sentir ciertas sensaciones parecidas a las que había experimentado aquel día en el coche, pero en otros lugares distintos: cuando cogía el autobús, cuando visitaba un centro comercial con muchas personas, cuando visitaba un restaurante, en el cine o en un concierto y, finalmente, incluso llegó a costarle salir de casa sola. Puede que te preguntes: ¿cómo se puede llegar a ese extremo? Pues de forma lenta y sutil, incorporando poco a poco y de forma gradual en tu vida algo que no te va a venir bien a la larga: las conductas defensivas de evitación, de distracción, de seguridad o de tranquilización (los cuatro jinetes del Apocalipsis). De manera que Carmen se enfrentaba a determinadas situaciones que le generaban ansiedad pidiendo, por ejemplo, a personas de su entorno que la acompañaran o hacía cosas que la ayudaban a tranquilizarse o a sentirse un poco más segura, como sentarse cerca de las salidas del autobús. Tenía una lista de excusas preparadas para abandonar una situación en caso de que sintiera que era necesario, se aseguraba de que hubiera hospitales cerca de donde estuviera, se medía las pulsaciones e incluso llevaba ansiolíticos en el bolso para usar en «caso de emergencia».

Estas limitaciones que presenta Carmen se pueden englobar dentro de la etiqueta usada en clínica conocida como agorafobia, un miedo intenso a estar en un lugar del que no se pueda escapar o recibir ayuda en caso de un ataque de pánico. Por ello Carmen tenía miedo de salir de casa, realmente temía que le diera un ataque de pánico y que no pudiera alejarse de la situación o que nadie pudiera ayudarla.

Después de una profunda y exhaustiva evaluación inicial y entender por qué surgió el problema de ansiedad que Carmen presentaba y concretar todas aquellas situaciones que ella temía pactamos los objetivos terapéuticos. Estos son los objetivos que una persona tiene cuando viene a terapia. Debemos de concretarlos muy bien, no sirve eso de «quiero ser feliz». Lo que nos importa realmente es saber qué aspectos de su vida tiene que cambiar para sentir que tiene una vida feliz. Es importante que estos objetivos sean realistas y para ello evaluamos expectativas en sesión. La más común que solemos discutir es la de «quiero que la ansiedad desaparezca de mi vida». Si partimos con esta expectativa errónea lo más seguro es que tarde o temprano nos estanquemos en la terapia. Es fundamental ajustar estas expectativas a la vida y al momento vital de cada persona.

Entre los objetivos que trabajamos con Carmen, negociamos reducción y eliminación de la evitación de las situaciones y sensaciones temidas, las conductas defensivas (incluida la medicación) y los ataques de pánico.

Así comenzamos a trabajar con ella, codo con codo como un equipo. Las primeras sesiones normalmente se centran en explicar adecuadamente el problema, por qué surge, cómo aparece en tu vida y cómo y por qué se mantiene, además de aprender todos los entresijos sobre la psicofisiología de la ansiedad y sus consecuencias. A este proceso lo llamamos psicoeducación y es un elemento importantísimo en la terapia porque ajusta expectativas, corrige creencias erróneas, aporta información veraz y contrastada y ayuda interpretar adecuadamente el problema que sufres. Pero todo esto, si has llegado hasta aquí, tú ya lo sabes. Así que una vez que conocemos toda la teoría, pasamos a la acción.

La única manera que existe para dejar de sufrir un problema de ansiedad, como ya sabes, es enfrentarse en la vida real a las situaciones (y, en este caso concreto, a las sensaciones) que nos dan miedo: es la exposición. Las exposiciones van a permitir a Carmen romper la asociación que tiene entre lo que siente (dolor en el pecho, taquicardia, visión borrosa o mareo) y las situaciones que teme, podrá comprobar que las consecuencias negativas que anticipa («me va a dar algo», «me voy a desmayar», «me va a dar un infarto») no ocurren y de esta forma podrá aprender a relacionarse de forma distinta con la ansiedad, aprender a manejar su ansiedad y el pánico.

En las sucesivas sesiones ayudamos a Carmen a elaborar poco a poco una jerarquía con todo el listado de situaciones a las que a ella le gustaría perder el miedo, pero en su caso concreto también fue necesario hacer exposiciones interoceptivas antes de las exposiciones a situaciones.

La exposición interoceptiva es otra variación de la técnica de exposición que se utiliza mayoritariamente para habituarnos a las intensas sensaciones corporales que experimentamos cuando sufrimos un ataque de pánico.

Igual que la exposición en vivo y en imaginación, debe hacerse de forma repetida y en cortos períodos de tiempo. La diferencia fundamental es que en las exposiciones en vivo o en imaginación nos exponemos a situaciones que nos generan ansiedad con el objetivo de utilizar aspectos de esa situación (lugar, hora del día, número de personas, distancia de casa, etc.) para crear una jerarquía que nos permita ir habituándonos a los síntomas y el malestar. Mientras que en la exposición interoceptiva recreamos artificialmente las sensaciones para que te expongas directamente a dichas sensaciones corporales que temes.

Estas situaciones pueden inducirse artificialmente, a través de distintos ejercicios que realizamos en consulta con Carmen antes de empezar las exposiciones en vivo, como, por ejemplo, subir y bajar rápidamente unas escaleras o dar saltos en vertical lo más rápido y alto posible (produce taquicardia, palpitaciones o pinchazos) o dar vueltas en una silla giratoria (provoca mareo y visión borrosa).

No a todas las personas que sufren pánico les hace falta pasar por este tipo de exposiciones, ya que la exposición en vivo también tiene como resultado la habituación a estas sensaciones. Sin embargo, hay personas que tienen un alto nivel de ansiedad y miedo asociado a un síntoma concreto. Si es tu caso, es recomendable que utilices esta técnica para rebajar la ansiedad con respecto a una situación concreta. Es decir que te habitúes primero a una sensación concreta para luego enfrentarte a la siguiente situación de tu lista.

¿ANSIEDAD Y MIEDO SON LO MISMO?

Ansiedad y miedo suelen usarse de forma similar, sin embargo, estamos hablando de experiencias subjetivas que no son del todo iguales. Como también ocurre con los conceptos de sentimiento y emoción que se suelen usar para hacer referencia a todos aquellos aspectos que una persona experimenta de forma interna y subjetiva, la ansiedad y el miedo son conceptos que sería interesante aclarar.

Ya hemos hablado aquí de forma concreta sobre la ansiedad; la hemos definido como una respuesta de lucha o huida, una emoción que nos prepara para hacer frente a potenciales peligros del entorno. Para entenderlo mejor podemos decir que la ansiedad es una emoción, y el miedo, un sentimiento. Hay que tener en cuenta que esto no deja de ser un intento de categorizar una experiencia emocional tremendamente rica en matices y reducirla a unos conceptos que podemos entender fácilmente, pero que en ocasiones puede que no reflejen con exactitud esa experiencia. Cuando hablamos en estos términos sería mejor imaginar siempre un continuo donde podemos ir de un punto a otro en lugar de una categoría, así, de esta forma, cuando las emociones o los sentimientos son muy intensos resulta más difícil distinguirlos. Igualmente vamos a intentar definir esto un poco más y para ello vamos a ver las principales diferencias entre emoción y sentimiento:

1. Aparición. Las emociones son más reactivas, aparece un estímulo y emergen inmediatamente. Es lo primero que experimentamos; se perciben como más automáticas, instintivas, y provocan fuertes reacciones en nuestro cuerpo. Los sentimientos son menos reactivos, digamos que los racionalizamos un poco más y dependen de nuestro pasado y vivencias: no todos tenemos los mismos miedos. Surgen después de que sintamos la emoción y la interpretemos en nuestro momento y contexto vital.
2. Universalidad. Cuanto más básicas sean las emociones, más universales son; es decir, cualquier persona en el mundo experimenta alegría, tristeza, asco, sorpresa o ira y esa emoción es fácilmente identificable por otra persona, aunque no sea de su mismo contexto sociocultural. Los sentimientos están mucho más condicionados por el contexto, por la cultura, por las vivencias propias de la persona, por sus pensamientos o sus creencias.
3. Duración. Las emociones se experimentan durante poco tiempo, mientras que los sentimientos pueden llegar a durar toda la vida.
4. Intensidad. Si bien es cierto que tanto emociones como sentimientos pueden ser experimentados con diferentes grados de intensidad, las emociones suelen ser vividas de forma más aguda, de forma más intensa, mientras que los sentimientos se viven de una manera más estable y profunda.

Es curioso que la palabra «emoción» tenga su origen en el verbo latino *emovere* ('moverse' o 'trasladarse'); por ello las emociones nos mueven a actuar, movilizan nuestros recursos para hacer frente a una situación mientras que la palabra «sentimiento» proviene de la raíz latina *sentire* que significa 'oír' (aunque también hace referencia a otras percepciones como el gusto o el tacto) y el sufijo «-miento», que se puede entender como instrumento, medio o resultado dando lugar a la «acción o resultado de percibir una sensación». Por ello los sentimientos hacen referencia a experiencias afectivas más duraderas y estables en el tiempo que pueden llegar a influir en decisiones vitales importantes.

Así que si tenemos que resumir los conceptos, podemos decir que la ansiedad es una emoción porque aparece en cuanto nos enfrentamos a un estímulo ambiguo o potencialmente peligroso, emerge de forma abrupta e intensa y la sentimos de forma clara en nuestro cuerpo. Cuanto más intensa es, menos dura, en el caso del pánico, máxima expresión de la intensidad de la ansiedad, minutos. Y nos moviliza a hacer algo: luchar o huir. De esta forma el miedo es algo más parecido a un sentimiento, aunque puede resultar muy intenso y acercarse tanto a la definición de ansiedad o pánico que difumine las líneas que hemos creado artificialmente para aclararnos. El miedo es un sentimiento porque depende del contexto, de nuestra cultura y del momento vital, y porque puede durar toda una vida, como en el caso del miedo al fracaso o del miedo a quedarnos solos.

DESCIFRANDO LOS ATAQUES DE PÁNICO

Imagina a una persona que va caminando distraída por la calle, cuando de repente alguien se abalanza sobre ella e intenta robarle el bolso. Se inicia un forcejeo y finalmente el ladrón huye sin poder arrebatarle sus pertenencias. Esa persona siente que su corazón le late muy deprisa, suda, tiembla, siente que le falta el aire, le duele el pecho, la barriga, siente que se marea o incluso que se va a desmayar. Esta persona experimenta la reacción emocional normal ante un suceso que amenazaba su seguridad.

Ahora piensa en una persona que está sentada tranquilamente en el sofá de su casa leyendo el periódico, y de repente empieza a sentir los mismos síntomas que sintió la persona que paseaba por la calle. Sin razón aparente, puesto que no está viviendo una situación potencialmente peligrosa, siente que se va a desmayar, siente opresión en el pecho, su corazón late más deprisa, siente que se asfixia, tiene ráfagas de calor o escalofríos, se le duermen las extremidades, tiene náuseas, siente que el mundo a su alrededor es irreal o que está separada de sí misma. Esta persona está teniendo un ataque de pánico.

Un ataque de pánico, también conocido como ataque de ansiedad o crisis de angustia, es la aparición repentina, súbita e inesperada de síntomas de la ansiedad de forma muy intensa, en un corto período de tiempo y sin razón aparente (o peligro real). Tendemos a buscar sentido o explicación a cualquier fenómeno que observamos o vivimos. Necesitamos entender lo que ocurre a nuestro alrededor o en nuestro interior. Así que cuando sufrimos un ataque de pánico intentamos buscar su razón «en el exterior», en elementos, situaciones o interacciones que estamos teniendo, pero como no la encontramos (no vivimos una experiencia de peligro real, como, por ejemplo, una agresión), tendemos a buscar la causa en «nuestro interior», en nosotros mismos y nos focalizamos en las sensaciones que estamos experimentando. Así, caemos muchas veces en el error de atribuir la causa del ataque de pánico a que nos pasa algo malo. Podemos pensar que si nada en el exterior nos está haciendo sentir ansiedad, debe haber algo malo dentro de nosotros. En este caso malinterpretamos los síntomas e inventamos una explicación, como puede ser: «me debo de estar muriendo», «voy a perder el control», «me estoy volviendo loco», «me voy a desmayar» o «voy a hacer el ridículo». Recuerda en este punto que esta explicación está muy lejos de la realidad. Aunque es comprensible que lo creas, el propósito de la respuesta de lucha-huida es protegerte, no dañarte.

Es verdadero problema que esconde un ataque de pánico es que su fuerza la obtiene de la mala interpretación que hacemos de los síntomas que estamos sintiendo.

Como ya sabes, la respuesta de ansiedad predispone nuestro cuerpo para protegernos de un potencial peligro. Todos los cambios fisiológicos que tienen lugar —como el aumento de la frecuencia cardíaca y respiratoria, la redistribución sanguínea o la tensión muscular— son beneficiosos para el objetivo que nuestro cuerpo se ha marcado en ese momento: luchar o huir. Si eres capaz de sentir estos cambios fisiológicos e interpretarlos bajo la perspectiva real de la respuesta de lucha o huida, nunca sufrirás un ataque de pánico. Sentirás los síntomas de la ansiedad, algunos de ellos muy desagradables, pero si recuerdas lo comentado en capítulos anteriores, entenderás la naturaleza de los mismos y no interpretaras erróneamente su función. Por ejemplo, si notas el corazón bombear más rápidamente, te recordarás que bajo la explicación de la lucha o huida el corazón ha aumentado su actividad para llevar oxígeno y nutrientes a los músculos que necesitas para luchar o para huir y no lo malinterpretarás pensando que puede ser el inicio de un infarto.

¿Por qué se dan los ataques de pánico?

Sufrir un ataque de pánico es posiblemente una de las experiencias subjetivas más desagradables que un ser humano puede vivir.

Es la máxima expresión en intensidad de la sintomatología ansiosa. De acuerdo con la investigación en psicología clínica, las personas que sufren ataques de pánico están realmente atemorizadas por las sensaciones físicas que experimentan (los síntomas) durante la respuesta de lucha-huida. Cuando sufrimos un ataque de pánico, lo que realmente pasa es que tememos a los propios síntomas. Es decir, sufrimos «miedo al miedo».

Como comentamos anteriormente, la respuesta de lucha-huida nos pone en alerta y nos orienta a buscar un peligro. Y cuando no podemos encontrar ninguno identificable u obvio, dirigimos nuestra búsqueda hacia nuestro interior e interpretamos el peligro de forma errónea, como «me estoy muriendo», «me está dando un infarto» o «estoy perdiendo el control», etc. Imagina por un momento que realmente estuviera sucediendo eso, es totalmente comprensible que sintieras miedo o pánico. A su vez, sentir miedo produce más síntomas físicos de ansiedad generándose un círculo vicioso que se retroalimenta: síntomas, miedo, síntomas, miedo, y así sucesivamente.

Las personas con las que trabajamos en consulta la gestión de los ataques de pánico nos preguntan muchas veces que por qué en ocasiones podemos experimentar los síntomas físicos propios de la respuesta de lucha-huida si aparentemente no estamos asustados por nada o no hay ningún peligro acechándonos. Siempre existe un motivo que provoca la aparición de la ansiedad, aunque no seamos capaces de identificarlo, aunque en nuestra experiencia estemos convencidos de que ha aparecido de la nada. Recuerda que la ansiedad es una respuesta psicofisiológica por lo que debe de haber algo ante lo que se ha provocado esa respuesta. Otra cuestión es que de ese algo seamos más o menos conscientes. Lo que solemos explicar en sesión es que existen muchas maneras por las que estos síntomas se producen sin la aparición de un estímulo evidente. Vamos a comentar alguna de ellas:

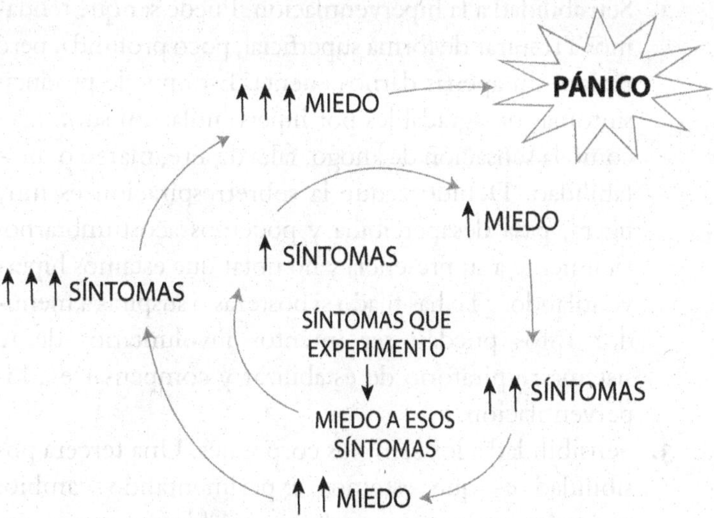

DESARROLLO DEL ATAQUE PÁNICO

1. Aumento de la ansiedad basal o ansiedad de base. Una de las razones más frecuentes es que nos estemos estresando más de la cuenta en nuestro día a día sin ser conscientes, y este estrés lento y gradual provoque un incremento en la producción de adrenalina y otros productos bioquímicos que, en ocasiones y de forma puntual, pueden llegar a producir síntomas. No es necesario sufrir esos síntomas en el momento en el que, por ejemplo, estamos trabajando en la oficina, ya que la presencia de la adrenalina en nuestro cuerpo podría mantenerse incluso después de que el agente estresante hubiera desaparecido. Por esta razón podemos sufrir estos síntomas en la tranquilidad de nuestra casa, cuando estamos dando una vuelta o en momentos de descanso.

2. Sensibilidad a la hiperventilación. Puede ser que tendamos a respirar de forma superficial, poco profunda, pero rápida, sin apenas darnos cuenta. Esto puede producir síntomas desagradables por hiperventilación sutil, tales como la sensación de ahogo, falta de aire, mareo o inestabilidad. Debido a que la sobrerrespiración es muy ligera, pasa desapercibida y podemos acostumbrarnos fácilmente a su presencia y no notar que estamos hiperventilando. ¿Te has fijado si bostezas o suspiras a menudo? Estos pueden ser intentos involuntarios de tu sistema respiratorio de estabilizar y compensar esa hiperventilación.
3. Sensibilidad a los cambios corporales. Una tercera posibilidad es que estemos experimentando cambios normales en nuestro cuerpo, cambios que ocurren con frecuencia, que todo el mundo experimenta, pero la mayoría no nota. Hay personas que, sin darse cuenta del todo, están constantemente observando y verificando su cuerpo, por lo que notan estas sensaciones mucho más que la mayoría de la gente y esto activa el círculo vicioso que comentamos: noto un síntoma, malinterpreto su experiencia, siento miedo, que me provoca más ansiedad y esta favorece la presencia de síntomas, y así sucesivamente. Esta sensibilidad a los cambios corporales explicaría también por qué determinadas personas sufren ataques de pánico nocturnos, que son aquellos que aparecen cuando estamos durmiendo y son el extremo más representativo de la ausencia de estímulos externos amenazantes de la que estamos hablando.
4. Condicionamiento interoceptivo. También puede que nos hayamos vuelto más conscientes o sensibles a estos síntomas físicos como resultado de un proceso llamado

«condicionamiento interoceptivo». Este proceso de asociación se da cuando los síntomas físicos que nos ocurren durante un episodio de ansiedad intenso se asocian con el trauma del pánico, es decir, con la experiencia tremendamente negativa, resultado de la intensidad sintomática y la interpretación catastrófica de esos síntomas. De esta forma esos síntomas físicos que podemos sentir nos condicionan, se terminan convirtiendo en sí mismos en señales con significado de amenaza y peligro para nosotros (se han convertido en estímulos condicionados). Como resultado, es muy probable que seamos más sensibles a estos síntomas y reaccionemos con miedo debido, simplemente, a las experiencias pasadas de pánico con las que han sido asociados. Como consecuencia de este tipo de asociación condicionada, es posible que los síntomas producidos por actividades cotidianas nos puedan llevar también a que sintamos pánico. Por ejemplo, las sensaciones de quedarse sin respiración y de sudor producidos por el ejercicio físico, la sensación de inquietud producida por beber café o el calor producido por tiendas repletas de gente podrían conducirte a sentir pánico porque se pueden sentir de una manera similar a las sensaciones que sentiste en un episodio de pánico (taquicardia, sofoco, inquietud) y, por tanto, dispararlo.

¿Por qué sigo sufriendo ataques de pánico o ansiedad a lo largo del tiempo?

Cuando Carmen sufrió aquel ataque de pánico en el coche y pensó que podía llegar a desmayarse o que le iba a dar algo, desarrolló una hipervigilancia hacia los síntomas corporales que ella creía que podían ser peligrosos y que asoció con que se diera un episodio de ansiedad o un ataque de pánico. Así para ella era muy fácil detectar dichas sensaciones (e incluso llegar a percibirlas subjetivamente cuando no estaban). Empezó entonces, poco a poco, a evitar situaciones de las que ella creía no poder escapar si sentía algo parecido que la pudiera conducir a volver a experimentar un ataque de pánico (un coche, un autobús, una sala de cine o de conciertos, etc.). Y si la evitación no era posible, se enfrentaba a ella con su repertorio de estrategias de seguridad y tranquilización (buscar compañía para hacer cosas, llevar un ansiolítico encima o medirse el pulso, etc.).

Cuando haces todo lo posible por evitar una situación que te produce ansiedad porque puedes pensar que es peligrosa y que no tienes los recursos para hacerle frente, lo que consigues es que en ese momento no sientas esa ansiedad, pero poco a poco aumente la sensibilidad a la ansiedad a esas y otras situaciones, cronificando así el problema. Además, te hace creer que gracias a la evitación has conseguido impedir que se dieran las consecuencias que te dan miedo (en el caso de Carmen, que le diera un infarto).

Ahora bien, la evitación tiene consecuencias negativas: impide que hagamos lo que queremos o necesitamos hacer realmente. Nos va limitando poco a poco. En algunos casos, nos puede llevar a un estado de ánimo bajo y tristeza por la pérdida de autonomía y libertad. Además, la evitación contribuye a mantener las expectativas de ansiedad, pánico y/o peligro porque nos impide comprobar que realmente esa situación que evitamos no es una amenaza. Es uno de los cuatro jinetes del Apocalipsis que explicábamos en el capítulo anterior.

REINTERPRETANDO EL PÁNICO

Incluso si no supieras exactamente por qué experimentas esos síntomas tan desagradables, puedes tener la completa seguridad de que son parte de la respuesta de lucha-huida y, por tanto, son inofensivos. La clave está aquí, una vez que entiendas de verdad y creas realmente que las sensaciones físicas que experimentas no son peligrosas, el miedo y el pánico no sucederán más y no volverás a experimentar ataques de pánico.

Hay que entender que cuando una persona ha tenido cierto número de ataques de pánico y ha malinterpretado los síntomas en todas las ocasiones, esta malinterpretación se hace de manera automática y resulta muy difícil que se convenza a sí misma de manera consciente durante un ataque de pánico de que los síntomas son inofensivos, tremendamente desagradables, pero no peligrosos.

Asociados a esta respuesta de nuestro organismo hay numerosos cambios físicos, comportamentales y mentales que puedes notar. Es importante tener en cuenta que, una vez que el peligro ha desaparecido, muchos de estos cambios (especialmente los físicos) pueden continuar, casi por sí mismos, debido al aprendizaje por asociación y a otros cambios corporales a largo plazo. No olvides que cuando los síntomas físicos ocurren en ausencia de una explicación obvia, se pueden malinterpretar, y se pueden llegar a ver en los síntomas normales de lucha-huida indicadores de graves problemas físicos o mentales. En este caso, las mismas sensaciones pueden convertirse frecuentemente en amenazantes y empezar toda la respuesta de lucha-huida de nuevo, activando un círculo muy desagradable.

Para ayudarte a llevar esto mejor nos gustaría hablar y desmontar las interpretaciones erróneas por las que se mantienen los ataques de pánico. Es común creer que nos vamos a volver locos cuando se dan, que nos puede dar infarto, que vamos a perder el control, etc. El que predomine una interpretación errónea frente a otra es debido a nuestras vivencias. Por ejemplo, si tenemos un familiar o amigo cercano que ha sufrido un infarto, es más probable que nos dé miedo sentir nuestro corazón latir rápido o con intensidad y la creencia errónea que tendremos es que vamos a sufrir un ataque al corazón. Si, por el contrario, tenemos experiencias relacionadas con la salud mental, algún pariente o amigo con depresión, ansiedad o cualquier otro problema psicológico o emocional, lo normal es que pensemos que vamos a perder el control o a volvernos locos.

Vamos a intentar explicar por qué son mitos estas creencias asociadas a los ataques de pánico y vamos a desmontar las más habituales.

MITO: «Me va a dar un ataque al corazón»

Esta creencia es una de las más extendidas debido a que cuando sentimos ansiedad o pánico las palpitaciones y la taquicardia son los síntomas más comunes. La persona que lo sufre tiene la ferviente creencia de que va a sufrir un infarto.

Realidad

Estos síntomas son parte normal de la respuesta de lucha-huida de nuestro organismo (activación del sistema nervioso simpático) ante una situación que consideramos peligrosa. Son consecuencia de una activación emocional. El corazón puede bombear con más frecuencia o intensidad para asegurar que el oxígeno y los nutrientes lleguen a los músculos que se están preparando para luchar o para huir. No son síntomas de que se está sufriendo un infarto. ¿No te convence? Quizá deberías saber que:

- En primer lugar, los principales síntomas de un infarto son el dolor en el pecho, la falta de aire y, ocasionalmente, palpitaciones y desmayo. Estos síntomas empeoran con el ejercicio o el esfuerzo y desaparecen con bastante rapidez cuando estamos en reposo. En cambio, aunque los síntomas de los ataques de pánico pueden intensificarse durante el ejercicio, ya que el corazón bombea más fuerte, ocurren con igual frecuencia estando en reposo.

- En segundo lugar, las enfermedades cardíacas suelen producir grandes cambios eléctricos en el corazón que pueden apreciarse fácilmente en un electrocardiograma (ECG). Por el contrario, el único cambio que se aprecia en el ECG durante los ataques de pánico es un aumento de la frecuencia cardíaca.
- Por último, el estrés, la ansiedad o el pánico no provocan por sí solos ataques cardíacos. Los principales factores que aumentan la probabilidad de sufrir un infarto son los siguientes:
  - Tener una enfermedad cardíaca o arterial importante que se detecta con rapidez en un examen médico ordinario.
  - La hipertensión arterial. Condición que se da cuando una o ambas medidas de la presión arterial son mayores de los valores de 130 y 80 mm Hg respectivamente la mayoría de las veces que se hace una medición en condiciones de reposo.
  - El consumo de tabaco y el nivel elevado de colesterol en sangre, resultado de dietas poco saludables, hipercalóricas y/o ricas en grasas animales o colesterol.

Existen otras variables que pueden contribuir al aumento de la probabilidad de sufrir un problema cardíaco por asociación a las variables anteriores, como son los antecedentes familiares de enfermedad coronaria, el sobrepeso, el sedentarismo, la excesiva competitividad, la hostilidad, el consumo excesivo de estimulantes o alcohol, la diabetes y el estrés.

Es cierto que el estrés crónico (situaciones tremendamente estresantes sostenidas en el tiempo durante más de seis meses) y la ansiedad excesiva o incluso los ataques de pánico pueden aumentar el riesgo de angina de pecho o infarto de miocardio, pero solo en personas que padecen ya una enfermedad cardíaca. También estas personas pueden aumentar esta probabilidad si el estrés que sufren las conduce a hábitos inadecuados para manejarlo, por ejemplo, consumo excesivo de tabaco, alcohol u otras sustancias para reducir la inquietud o el nerviosismo, o comidas excesivas o ricas en grasas porque no tienen tiempo de prepararse platos más saludables y recurren a lo primero que ven. Ahora bien, queremos dejar muy claro que por sí solos esos hábitos no dan lugar a ataques cardíacos. Si hubiera hábitos negativos de respuesta ante el estrés o la ansiedad, sería necesario abandonarlos y aprender estrategias más adecuadas para manejarlos.

No es raro leer titulares en el periódico como «Empleado muere a causa de un infarto por estrés». Esto es algo completamente falso. El pobre hombre no fallece a causa del estrés, es una correlación errónea. El empleado, a causa del estrés y la cantidad de trabajo que tenía, dejó de hacer ejercicio físico, empezó a beber más alcohol, fumaba mucho más, comía peor, tenía antecedentes médicos relacionados y cierta predisposición genética. Y, por todo ello, sufrió un ataque cardiaco.

MITO: «Me voy a asfixiar o ahogar»

Cuando sientes ansiedad tiendes a respirar más rápido o de manera más profunda. Esto es normal, forma parte también de la respuesta de ansiedad, ya que nuestro cuerpo necesita más oxígeno para luchar o huir del peligro.

Lo que ocurre es que si no se lleva a cabo la respuesta de lucha o huida, entramos un estado de hiperventilación o sobrerrespiración, que hace que respiremos un volumen de aire mayor del que necesita nuestro organismo en ese momento. Como consecuencia, se produce una disminución del dióxido de carbono en la sangre, que, a su vez, reduce la actividad del centro del reflejo respiratorio en el cerebro. Esto hace que descienda la frecuencia respiratoria porque entiende que hay mucho oxígeno, ¿para qué más? De este modo, surge el efecto paradójico de falta de aire y sensación de ahogo.

Realidad

Es imposible asfixiarse o ahogarse. De hecho, si no tienes esto claro, lo que va a ocurrir es que cuando sientas esta falta de aire vas a intentar compensar esta sensación respirando de manera voluntaria más intensamente y lo que vas a conseguir, sin querer, es que siga el estado de hiperventilación y la sensación de falta de aire. Entonces, ¿qué debes hacer?

Ya hemos comentado que en películas o series de televisión cuando alguno de los personajes está sufriendo un ataque de pánico es frecuente ver que le dan una bolsa de papel para que respire dentro de la misma. El personaje introduce la nariz y la boca dentro de la bolsa de papel y comienza a respirar inflando y desinflando la bolsa. Lo que está ocurriendo es que no está introduciendo aire nuevo, sino que está respirando su propio dióxido de carbono para nivelar de forma rápida este desequilibrio y sentirse mejor al cabo de unos minutos. ¿Es eficaz? Sí. ¿Es necesario que lleves una bolsa de papel contigo por si sufres un ataque de pánico? Por supuesto que no. A continuación te damos una pauta para conseguir reducir los síntomas desagradables relacionados con la hiperventilación sin necesidad de protagonizar una escena televisiva.

La clave está en hacer una respiración de manera lenta, regular (inspira por la nariz entre tres o cuatro segundos, mantén el aire un segundo y suéltalo por la boca lentamente entre tres y cuatro segundos también), diafragmática (usando el diafragma) y no demasiado profunda. Esta respiración —que se conoce como respiración diafragmática o natural completa— tiene que ser cómoda para ti, de manera que quizá tengas que ajustar un poco los tiempos de inspiración y espiración. Prueba si te va mejor una frecuencia respiratoria de tres, cuatro o incluso de hasta cinco segundos.

Debes entender que jamás se va a producir un estado en el que vas a dejar de respirar completamente. En el peor de los casos, mantener la hiperventilación durante un largo período de tiempo podría conducir a una breve pérdida de conocimiento, no a una asfixia, pero eso es algo extremadamente raro. Además, en caso de que ocurriera, no sería algo malo, puesto que estaría cumpliendo una función adaptativa, ya que así se restablecería el funcionamiento equilibrado de los distintos sistemas corporales implicados, entre ellos la respiración.

MITO: «Me volveré loco/a»

La creencia de que uno puede volverse loco por un ataque de pánico o a consecuencia del mismo descansa en ciertos síntomas que sufren las personas durante los ataques, tales como la sensación de irrealidad, la visión borrosa, ver lucecitas o puntitos blancos, confusión mental, etc.

Realidad

Estos síntomas tan desagradables son característicos y normales de la respuesta de lucha-huida, de la reacción de emergencia ante una situación externa o interna que se considera peligrosa. No tienen nada que ver con la locura o la salud mental. Cuando se habla de locura, la gente suele hacer referencia sin saberlo a la esquizofrenia, un problema considerado en clínica como trastorno mental grave. La esquizofrenia se caracteriza por pensamientos y lenguaje incoherentes y sin sentido, creencias delirantes (por ejemplo, que los demás pueden acceder a nuestra mente o que nuestros propios pensamientos son impuestos por seres de otros mundos) y alucinaciones (por ejemplo, oír voces o ver personas que no existen).

Si cuando sufres ansiedad tienes miedo a volverte loco o loca, tienes que tener en cuenta varias cosas:

1. Edad de inicio. La esquizofrenia es un trastorno que suele aparecer en la adolescencia o al comienzo de la juventud. La edad de inicio promedio en hombres está entre los 15 y los 25 años, y en mujeres, entre los 25 y los 35 años. No aparece de repente, sino que se va desarrollando gradualmente y, desde luego, no como consecuencia de una historia de ataques de pánico.
2. La esquizofrenia presenta cierta prevalencia hereditaria: un niño con padres sin trastornos tiene un 1 % de posibilidades de padecer esquizofrenia, pero si tiene un hermano con este desorden, las probabilidades aumentan al 8 %. Si es uno de sus padres quien la sufre, hablamos de en torno a un 12 % de posibilidades de desarrollarla, y si ambos padres sufren esquizofrenia, la probabilidad aumenta al 39 %.
3. Es un trastorno mental muy poco frecuente, y su prevalencia se sitúa entre el 0,3 y el 3,7 %, dependiendo del país del que hablemos. De modo que si no tienes la vulnerabilidad genética correspondiente, no sufrirás esquizofrenia, por mucho estrés que padezcas. Una cosa son los trastornos de tipo emocional, tales como los

ataques de pánico o la depresión, y otra muy distinta los trastornos psicóticos; estos no son nunca una consecuencia de los anteriores.

4. Las personas que padecen esquizofrenia suelen presentar algunos síntomas leves, tales como pensamientos inusuales o lenguaje florido (pensamientos o ideas extrañas con relación al mundo, a los demás o a uno mismo que pueden ir acompañados de una forma excéntrica o poco habitual de expresarse) durante largos períodos de su vida, de modo que si estos no han estado presentes en tu vida, es altamente improbable que vayas a sufrir esquizofrenia. Además, si ya has sido entrevistado por un psiquiatra o un psicólogo y no te han advertido, puedes estar tranquilo o tranquila, puesto que esos profesionales de la salud mental sabrían si es probable que vayas a desarrollar un trastorno psicótico.
5. Consumo de sustancias. La evidencia científica sitúa el consumo de sustancias como uno de los principales facilitadores de los trastornos psicóticos que pueden dar pie a problemas mayores como la esquizofrenia. La mayoría de las personas piensa en sustancias de diseño o drogas psicodélicas como la causa principal de estos problemas. Es cierto que estas sustancias pueden predisponer a sufrir experiencias intensas de pérdida de control que favorece el desarrollo del miedo, pero cuando revisamos los historiales de consumo nos encontramos que la sustancia que más se relaciona con los episodios psicóticos en jóvenes suele ser el cannabis, marihuana o hachís. La percepción de bajo riesgo asociado a la creencia de que son drogas «naturales» hace que su consumo sea más habitual al de otras sustancias y lo cierto es que entre otras cosas aumenta catorce veces la probabilidad de sufrir un ataque de pánico.

MITO: «Voy a perder el control»

Algunas personas creen que van a perder el control durante los ataques de pánico. El significado de «perder el control» es difuso y tiene una lectura distinta para cada persona: puede ser hacer cosas extrañas o ridículas, correr sin rumbo, gritar, decir tonterías, obscenidades o cosas embarazosas, romper objetos, quedarse totalmente paralizada y no ser capaz de moverse, hacerse daño a sí misma (tirarse por la ventana) o a otros, etc.

Realidad

Esta sensación de pérdida de control es únicamente eso, una sensación, y no se corresponde con la realidad. Las personas que sufren ataques de pánico no pierden nunca el control; en el peor de los casos, escapan de la situación hacia un sitio que consideran más seguro, lo cual no es precisamente una falta de control. Es un acto consciente que responde a la sensación apremiante de la huida. Como hemos dicho, el ataque de pánico no es más que la respuesta de emergencia ante un peligro percibido (que no tiene por qué ser real), de modo que se favorece la respuesta de huida. Es posible que uno tenga alguna sensación de confusión o irrealidad, pero se conserva siempre la capacidad de pensar y actuar de cara a ponerse a salvo. La reacción de emergencia no produce parálisis ni va dirigida a hacer daño ni a uno mismo ni a personas que no constituyen ninguna amenaza. No sería adaptativa para nuestra supervivencia ni para la de nuestro grupo.

MITO: «Me voy a desmayar»

Nuevamente esta creencia tiene que ver con los síntomas que experimentas. Las personas que experimentan mareo, vértigo o sensación de inestabilidad durante los ataques de pánico pueden llegar a tener miedo a desmayarse o a perder el conocimiento.

Realidad

Para que tenga lugar un desmayo debe haber un descenso del ritmo cardíaco y una bajada notable de la presión arterial. Pero debes saber que cuando se experimenta una fuerte ansiedad o pánico, ocurre todo lo contrario: el ritmo cardíaco y la presión sanguínea aumentan. ¿Cómo se explica entonces la sensación de mareo? Nuevamente como parte de la respuesta de lucha-huida, de esa reacción de emergencia ante el peligro. De forma más concreta la distribución sanguínea cambia, el corazón envía más sangre hacia los músculos para prepararlos para correr o luchar y relativamente menos al cerebro. Esto significa que hay una pequeña caída de oxígeno en el cerebro (inofensiva, por supuesto) y esta es la razón de que uno pueda sentirse ligeramente mareado. Sin embargo, esta sensación no significa que uno se va a desmayar, ya que la presión sanguínea global es alta, no baja.

Muchas personas que tienen esta creencia es porque han sufrido desmayos anteriormente o porque presenciaron o saben de alguien cercano que los padece. En el caso de haber sufrido desmayos con anterioridad, cuando analizamos lo que ocurrió, por lo general no se encontraban ansiosas en el momento en que los sufrieron. Estos fueron debidos probablemente a cambios hormonales, enfermedades víricas, sufrir de hipoglucemia o hipotensión arterial, ver sangre/heridas, etc. El problema es que no fueron conscientes del verdadero motivo y posteriormente interpretaron su sensación de mareo al estar ansiosos como evidencia de que se iban a desmayar. Esta interpretación errónea favorece asimismo la ansiedad y aumenta la sensación de mareo.

Hay que aclarar que la fobia a la sangre y/o a las heridas es el único trastorno de ansiedad en el que puede ocurrir que la persona se desmaye. Esto se debe a que se produce una bajada del ritmo cardíaco y la presión sanguínea tras una leve subida inicial, donde igualmente debe de ir acompañada de una sensibilidad fisiológica a estos cambios. Si se sufre de esta fobia y a su vez de trastorno de pánico, el desmayo solo es probable que ocurra ante la presencia de sangre y/o heridas.

¿Qué hacer si me he desmayado con anterioridad? Pues lo conveniente es que compares las sensaciones que preceden a un desmayo real con las que experimentas durante un ataque de pánico. Si te fijas bien, nunca son las mismas. Antes de desmayarse, la gente siente frecuentemente que se está desvaneciendo; es como un alejamiento progresivo de la realidad, como ir sumergiéndose en un sueño. Se ve venir. En cambio, durante un ataque, la gente es terriblemente consciente de sus intensas sensaciones de mareo y de otras posibles sensaciones acompañantes.

MITO: «Me va a dar un colapso nervioso»

Algunas personas creen que durante un ataque de pánico sus nervios pueden llegar a agotarse, como una subida de tensión eléctrica. Creen que esto las puede llevar a un estado de postración extrema, de desmayo o de parálisis.

Realidad

Como ya sabemos, la respuesta de lucha-huida se debe principalmente a la activación del sistema nervioso simpático, la cual es contrarrestada antes o después por el sistema nervioso parasimpático como si de un termostato autorregulado se tratase. Este impide que el sistema simpático siga funcionando siempre a un alto nivel de actividad. Ten presente igualmente que los nervios no son como los cables eléctricos, que pueden sobrecargarse e incluso quemarse con un exceso de tensión eléctrica, y que la ansiedad jamás puede llegar a agotarlos, dañarlos o consumirlos.

Lo peor que podría ocurrir durante un ataque de pánico, y siempre en las circunstancias especiales que hemos comentado anteriormente, es que una persona se desmaye durante unos momentos, con lo cual el sistema simpático dejaría de estar en un estado de sobreactivación y el cuerpo volvería a su estado normal. Sin embargo, es muy raro que las cosas lleguen a este extremo y, si llegan, es para beneficio del propio cuerpo. Hasta el desmayo en casos muy particulares es adaptativo y «bueno» para nosotros.

Otra fuente de preocupación que tienen algunas personas es que los ataques repetidos de pánico aumentan la probabilidad de tener un colapso nervioso en el futuro. Recuerda que ni la ansiedad ni el pánico dañan físicamente los nervios ni afectan negativamente ningún sistema u órgano en tu cuerpo.

MITO: «Voy a sufrir ansiedad, esto no va a acabar y no voy a poder soportarla»

Algunas personas creen que la ansiedad que experimentan durante un ataque de pánico puede seguir creciendo más y más sin parar hasta alcanzar niveles altísimos en los que permanecerán todo el tiempo.

Realidad

Esto es imposible como demuestra la propia experiencia de una persona que ha pasado por al menos un ataque de pánico si se para a pensar en ello. La ansiedad, por muy intensa que sea, termina por reducirse, aunque no se haga absolutamente nada para gestionarla. Esto se debe a una serie de factores ajenos a nuestro control que actúan automáticamente: el más importante es el equilibrio u homeostasis que mantiene nuestro sistema nervioso simpático y parasimpático. Recuerda que la ansiedad está relacionada con la activación del sistema nervioso simpático y que este mantiene un equilibrio de regulación con el sistema nervioso parasimpático, que, cuando se activa, relaja el cuerpo y por tanto «desactiva» la ansiedad. En el momento en que el sistema nervioso simpático llega a un nivel determinado de intensidad, el parasimpático se activa llevando el equilibrio y la relajación al cuerpo. El momento de equilibrio varía ligeramente entre las diferentes personas, pero nunca ocurre un incremento continuo e imparable de ansiedad que se mantiene en el punto máximo eternamente. Aparte de este potente mecanismo de regulación existen otros factores como la misma fatiga, que hace que los sistemas de activación bajen su intensidad con el paso del tiempo, los mecanismos de equilibrio del propio cuerpo, que hacen que no pueda mantenerse la hiperventilación indefinidamente, y otras respuestas fisiológicas. Asimismo, al darse cuenta después de un rato de que las consecuencias temidas no ocurren, la persona tiende a relajarse.

Sin embargo, puede resultar difícil dejar de creer en estas consecuencias cuando has experimentado muchas veces un ataque de pánico y has intentado por todos los medios luchar contra esta sintomatología —ya sea intentando evitar completamente una situación que pudiera ocasionar estos síntomas como utilizando cualquier estrategia o herramienta que tuvieras a mano para aminorar la intensidad de estos síntomas—. Y esto, como explicaremos a continuación, explica por qué se mantienen a lo largo del tiempo los problemas de ansiedad.

IDEAS CLAVE DE ESTE CAPÍTULO

- La ansiedad y el miedo no son lo mismo aunque se usen indistintamente: la ansiedad, a diferencia del miedo, es una emoción porque aparece en cuanto nos enfrentamos a un estímulo ambiguo o potencialmente peligroso, emerge de forma abrupta e intensa y la sentimos de forma clara en nuestro cuerpo.
- Un ataque de pánico (crisis de ansiedad o de angustia) es la aparición repentina, súbita e inesperada de síntomas de la ansiedad de forma muy intensa, en un corto período de tiempo y sin razón aparente (o peligro real).
- Cuando buscamos explicación recurrimos a creencias peligrosas que hacen que tengamos miedo a las propias sensaciones causadas por la ansiedad.
- Cuando sufrimos un ataque de pánico, lo que realmente pasa es que tememos a los propios síntomas. Es decir, sufrimos «miedo al miedo».
- Por ello, al trastorno de pánico y agorafobia también se le conoce como «miedo al miedo». La agorafobia es el miedo a estar en un sitio en el que la persona percibe que podría correr riesgo su vida (o integridad personal) si le diera un ataque de pánico.

Capítulo

7

EL INFIERNO SON LOS OTROS:

el trastorno de ansiedad social

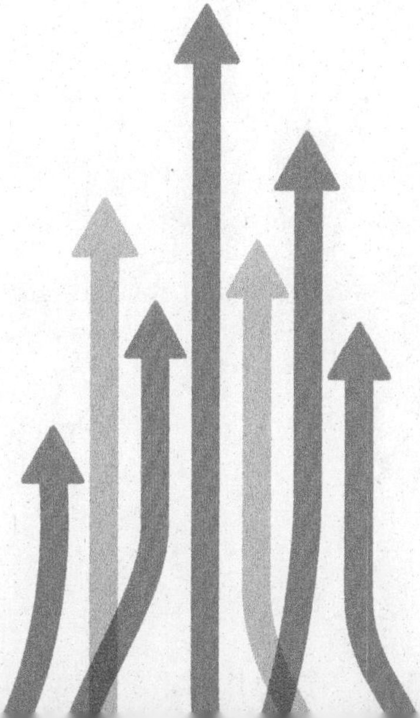

> «Desde pequeño siempre me costó relacionarme con los demás. Era un niño muy tímido o eso me decían. Yo sufría mucho cuando tenía que hablar con otros niños, tenía miedo de que se dieran cuenta de cómo temblaba, cómo sudaba... A medida que fui creciendo cada vez me costaba más y faltaba muchas veces al colegio. Hoy en día la ansiedad que siento al tener que hablar con otras personas es insoportable.»
>
> Juan

Juan acudió a Psicosalud, nuestro centro de psicología, por primera vez cuando terminó de estudiar su carrera universitaria e iba a empezar a buscar trabajo. Tenía veinticinco años y en esa primera cita nos contó que llevaba mucho tiempo experimentando niveles de ansiedad excesivamente altos en situaciones sociales, y que esto interfería gravemente en su vida diaria.

Para él era extremadamente complicado hacer cosas tan cotidianas como ir a tomar un café con alguien, devolver una prenda de ropa en una tienda o decirle a un camarero que la carne estaba poco hecha para su gusto.

Si bien era algo que él consideraba que complicaba un poco su vida, había conseguido sobrevivir haciendo acopio de nuestros cuatro jinetes del Apocalipsis: un amplio repertorio de conductas de seguridad, distracción, evitación y tranquilización hasta que hubo acabado su carrera y empezado a enviar sus primeros currículos. Cuando lo llamaron de dos sitios para hacerle una entrevista, no fue capaz de acudir debido al miedo atroz que le producía enfrentarse a esa situación y en ese momento fue consciente de que la ansiedad que sentía ponía en grave peligro su trayectoria profesional por la que tanto había luchado.

Empezó a darse cuenta de que sus proyectos de futuro no se iban a poder cumplir porque su ansiedad se había interpuesto entre él y sus sueños.

¿QUÉ ES LA ANSIEDAD SOCIAL?

El escritor y filósofo existencialista francés Jean Paul Sartre escribió «L'enfer c'est les autres» («el infierno son los otros») en su obra *Puerta cerrada*. En uno de los momentos más complicados de la humanidad, un año antes de que acabara la Segunda Guerra Mundial, Sartre escribió un drama en el que reflexionaba sobre el hecho de que la personalidad que uno tenía se creaba en función del impacto de la opinión y el juicio que los demás hacían sobre uno.

El infierno son los otros. Su mirada escrutadora, su duro juicio. ¿Alguna vez has sentido ansiedad intensa o miedo sobre lo que puedan pensar otras personas de ti? Seguramente todos responderemos que sí a esta pregunta, al menos en algún momento de nuestras vidas. Sin embargo, las personas que sufren fobia social viven bajo este miedo de manera continua. Y eso es lo que le ocurría a Juan, el protagonista de este capítulo.

En este caso el miedo se suele centrar alrededor de ser o sentirte observado u observada, de poder actuar de un modo que pueda ser humillante o embarazoso o incluso de que los demás se puedan dar cuenta de tus síntomas de ansiedad.

La ansiedad social no es una forma de ser que tengas que aceptar sin remedio. No es algo inmutable. Al igual que otros problemas de ansiedad, la clave está en la forma en que tenemos de relacionarnos con la misma, en cómo la sentimos en nuestro cuerpo, su manifestación, su intensidad, su duración y qué es lo que hacemos o dejamos de hacer cuando aparece. Hay medios eficaces para superar este problema que explicaremos en este capítulo. Pero es importante recalcar que tampoco es simplemente timidez, sino un problema grave que produce mucho malestar y altera e interfiere en la vida de la persona que la sufre. Las personas tímidas experimentan cierta ansiedad social o malestar que las lleva a ser más inhibidas. A veces incluso a pasarlo mal en presencia de otros, pero de manera mucho menos intensa que las que sufren ansiedad social. Juan, a diferencia de una persona tímida, vivía con un sufrimiento continuado y durante mucho tiempo en silencio.

La ansiedad social la podemos definir como un miedo intenso, persistente y excesivo en respuesta a una o más situaciones sociales o actuaciones en público. Cuando una persona que sufre ansiedad social se tiene que enfrentar a una situación social tenderá a evitarla por sistema. Pero si no puede evitarla, la soportará con una ansiedad o un malestar muy intensos que irán acompañados de un buen repertorio de conductas defensivas, es decir, de alguno de los jinetes del Apocalipsis. Así, por ejemplo, cada vez que en la universidad le daban a Juan la opción de subir nota en una asignatura mediante una exposición en público de algún trabajo, se negaba y prefería no hacerlo. Evitaba a toda costa la situación. Y cuando la única manera de aprobar una asignatura era haciendo una exposición en público, a Juan le costaba dormir pensando en ese momento, anticipando un gran número de situaciones, todas ellas catastróficas, y cada vez que se acordaba de que se tenía que preparar esa exposición sentía mucha ansiedad. Cuando ya se enfrentaba a la situación le sobrevenían todos los síntomas de manera muy intensa: boca seca, taquicardia, le temblaban la voz y las manos, sentía palpitaciones, sudaba mucho, se sonrojaba, se le tensaban los músculos, sentía malestar gastrointestinal, le daban escalofríos, le costaba tragar, le daban náuseas (a veces también diarrea) y muchas ganas de orinar. Juan sentía las reacciones más comunes de una persona que sufre ansiedad social. Tenía miedo de actuar de forma humillante o incluso de que alguien pudiera darse cuenta de que tenía ansiedad.

Las personas que sufren ansiedad social también suelen presentar dificultades a la hora de pensar, se encuentran confundidas a menudo, les puede costar concentrarse o encontrar palabras. Se centran mucho en sí mismas, sobre todo en sus síntomas físicos, y también están muy pendientes de los demás, en su posible juicio negativo sobre ellas. Las personas que sufren ansiedad social suelen tener unos temores básicos muy fuertes, como no saber comportarse de forma adecuada, que las vean incompetentes, poco interesantes, poco atractivas o estúpidas, que los demás se den cuenta de que tienen ansiedad porque les tiembla la voz, se ruborizan o sudan, que las observen, que las critiquen y rechacen y/o simplemente temor a sentir los síntomas asociados a la ansiedad.

MIEDOS Y SESGOS COGNITIVOS

¿Has oído hablar de los sesgos cognitivos? Son un efecto psicológico que distorsiona nuestra percepción de la realidad. Nos afecta directamente en el procesamiento de la información de nuestro entorno y nos pueden llevar a que emitamos un juicio equivocado sobre algo o una interpretación ilógica de una situación o interacción. Todos somos vulnerables a estos sesgos cognitivos y pueden darse en todas las facetas de la vida. El fenómeno de los sesgos cognitivos es uno de los más investigados desde la psicología experimental, y muchos de ellos han trascendido al lenguaje común. Por ejemplo, el conocido como efecto Dunning-Kruger es el sesgo cognitivo por el cual las personas con bajas habilidades en una tarea tienden a sobrestimar dichas habilidades. Muchos autores incluyen el sesgo opuesto en la definición del efecto Dunning-Kruger, que se da cuando las personas con grandes capacidades y habilidades para una tarea tienden a infravalorar dichas competencias.

Otro ejemplo típico lo encontramos en el llamado sesgo de confirmación, que se puede definir como la tendencia a buscar, interpretar, recordar o confirmar únicamente aquella información que sea coherente con nuestros pensamientos o creencias acerca del tema que estemos buscando. Por este sesgo tendemos a aceptar sin dar demasiadas vueltas aquella información que apoya nuestras ideas mientras que al mismo tiempo solemos descartar, oponernos o no ver aquella información contraria a la misma.

El conjunto de sesgos cognitivos que tienen que ver con aspectos sociales se denominan generalmente sesgos de atribución o atribucionales, afectan principalmente a las interacciones sociales de nuestro día a día y también pueden influir en la toma de decisiones.

La noción de sesgo cognitivo fue introducida por los psicólogos e investigadores Daniel Kahneman y Amos Tversky en 1972 y surgió de su experiencia con la imposibilidad de las personas de razonar intuitivamente con órdenes de magnitud muy grandes. Los sesgos cognitivos son errores de percepción, memoria, juicio y pensamiento que cometemos de forma habitual y de los que la mayoría de las veces no nos damos cuenta de estar cometiendo.

De esta forma, bajo los miedos más habituales en personas que sufren ansiedad social puede haber un buen repertorio de sesgos cognitivos, errores en su manera de pensar, como, por ejemplo, sobreestimar el grado en que los demás están pendiente de ellas, exagerar la importancia de los errores cometidos o que creen que han cometido, pensar que los demás reaccionan negativamente de forma más frecuente o más intensa con ellas, percibir críticas o desaprobación donde realmente no las hay, o creer que están actuando mal porque se sienten mal. Suelen ser sesgos cognitivos bajo los cuales se evalúan a sí mismas y a los demás, ya sea bajo exigencias demasiado elevadas para uno mismo, o creer que los demás son más duros o severos de lo que son, o que uno mismo es el origen de los problemas.

Las personas con ansiedad social pueden tener miedo a muchos tipos de situaciones sociales distintas. Por ejemplo, una forma muy común es el miedo a hablar en público como le pasaba a Juan. Las situaciones de intervención en público o de participación en grupos suelen generar mucha ansiedad y las suelen evitar a toda costa. Si no pueden llegar a evitarse estas situaciones, suelen ser muy agotadoras para la persona porque gasta una cantidad enorme de recursos en imaginar o fantasear con situaciones donde no vaya a darse lo que teme, buscando excusas que realmente no van a servir o luchando con no sentir los síntomas que siente.

Para una persona que sufre ansiedad social, mantener una conversación con un taxista puede llegar a ser una experiencia aterradora. Cualquier conversación en la que haya que expresar opiniones, pedir o rechazar algo puede generarle un tremendo pavor. Asimismo les suele resultar insoportable sentirse observadas mientras hacen cualquier cosa. Ir a un servicio público donde pueda haber otras personas, ir en un transporte público, comer delante de otras personas o tener que hacer una llamada de teléfono son situaciones típicas que generan muchísima ansiedad. Las situaciones temidas principalmente implican interactuar con otras personas o ser observadas mientras hacen algo. La ansiedad y el malestar son tan elevados que es frecuente que la persona evite la situación temida. Sin embargo, muchas veces no se puede evitar esa situación y entonces lo que se intenta hacer es evitar participar en las mismas, evitar ser el centro de atención o intentar esconder los síntomas físicos de la ansiedad. Todo ello se hace mediante las conductas defensivas (que vimos en el capítulo 2). Juan solía intentar pasar desapercibido, hablar muy poco o contestar de forma breve, intentaba no hablar de sí mismo y cuando tenía que hablar lo hacía sin mirar a la otra persona. También tosía para taparse la cara al ponerse rojo o se ponía camisas de cuello alto para que no se le viera que se le ponía rojo el cuello. Agarraba un pañuelo con las manos por si sudaba o agarraba cosas fuertemente para disimular que temblaba. Cuando iba a comer o salía de fiesta bebía alcohol para que le ayudara a relajarse y desinhibirse. Si la situación se complicaba, la abandonaba con cualquier excusa. Si no podía evitar o escapar de la situación, reaccionaba tartamudeando, diciendo incoherencias, hablando muy bajito y con una voz muy monótona, haciendo muecas faciales, retorciéndose las manos, adoptando posturas rígidas, sonriendo o riéndose de forma inapropiada, se le veía inquieto y no creía ser capaz de aportar contenido interesante a las conversaciones que tenía.

CÓMO SURGE Y SE MANTIENE LA ANSIEDAD SOCIAL

Existen factores biológicos y psicológicos que originan los problemas de ansiedad tal y como explicábamos en el primer capítulo. Estos pueden interactuar entre sí, aunque no todos se tienen que dar para que surja este sufrimiento tan limitante.

Los factores biológicos que juegan un papel fundamental en el surgimiento de la ansiedad social se refieren a una mayor predisposición innata para reconocer expresiones faciales de ira, crítica y rechazo, además de una mayor facilidad para activarse fisiológicamente y más lentitud en reducir esta activación.

Por otro lado, los factores psicológicos hacen referencia a la propia experiencia de la persona, a sucesos vitales que la harían más vulnerable a sufrir un problema de ansiedad social. Algunos de estos factores son los siguientes:

- Tener unos padres sobreprotectores, tal vez muy exigentes o que fueran poco cariñosos o empáticos. También aquellos padres que no ayuden a sus hijos a desinhibirse socialmente, o que educan bajo el lema del «qué pensarán o qué dirán los demás».
- Por circunstancias vitales, el haber tenido pocas experiencias sociales en las que poder desarrollar adecuadamente las habilidades sociales.
- Ver en otras personas experiencias sociales negativas o la ansiedad social de los padres o personas significativas. Este proceso se conoce como «aprendizaje vicario o social» y es aquel en que la persona no aprende de forma directa, sino a través de la experiencia de otras personas significativas, bien por la observación de lo que les pasa a otros o por la información que le pueden dar esas otras personas.
- Haber tenido experiencias negativas en situaciones sociales: que se hayan reído de ti, haber sentido que te despreciaban, te ridiculizaban, te marginaban, te intimidaban o incluso haber experimentado ataques de pánico delante de alguien.
- Que haya un cambio de circunstancias en la vida de una persona que en este momento implique realizar actividades temidas que antes no tenía que realizar, como, por ejemplo, tener que hablar en público, relacionarse con gente nueva o, el caso de Juan, tener que enfrentarse a entrevistas de trabajo y someterse al juicio y a la crítica.

Aunque es muy interesante conocer qué es lo que origina nuestro sufrimiento, el origen es algo que ya no podemos cambiar y es menos importante de lo que parece. Hay una falsa creencia en torno al poder resolver un problema psicológico o emocional que tiene que ver con que si no conoces adecuadamente el origen de dicho problema, no puedes resolverlo. Esta creencia bebe de las corrientes psicoanalíticas surgidas a finales del siglo XIX y que sitúan en planos inconscientes la mayor parte de los problemas psicológicos o emocionales. El proceso terapéutico para resolver dichos problemas requiere entenderlos y llevarlos al «plano consciente». La evidencia científica nos dice que no es necesario conocer el origen de nuestros problemas psicológicos en la mayoría de los casos para contar con un método eficaz que resuelva el sufrimiento y las limitaciones en nuestra vida que nos generan dichos problemas. Ni siquiera es necesario que el psicólogo lo conozca para que te pueda ayudar. Si sufres una fractura, el traumatólogo no necesita saber el color o los materiales del muro del que te caíste, no necesita saber qué hacías allá arriba para hacer bien su trabajo.

Así que, al igual que en el resto de los problemas de ansiedad, lo que realmente nos interesa es saber qué es lo que hace que este problema se mantenga a lo largo del tiempo para poder trabajarlo y dejar de sufrir por ello. Si conocemos su origen, genial, mejor que mejor; si no lo conocemos, no te preocupes, no es ningún impedimento para conseguir encontrar una solución a tu sufrimiento.

Cuando una persona que sufre ansiedad social se tiene que enfrentar a una situación que teme empieza a anticipar que no va a saber hacerlo y manifestará síntomas de ansiedad. Y pensará que las personas con las que se relacione la van a evaluar negativamente y que sufrirá el rechazo o, en el peor de los casos, la humillación por parte de ellas. Cuando Juan anticipaba que esto le podía pasar al hacer una exposición en sus clases universitarias, automáticamente evitaba la situación. Pero no podía evitar las entrevistas de trabajo a las que pronto se iba a tener que presentar como candidato. Su anticipación negativa le producía más o menos ansiedad según la situación social a la que se tuviera que enfrentar, según cómo él creía que iba a desenvolverse en ellas, en función de la importancia de las consecuencias (por ejemplo, la entrevista le generaba mucha ansiedad porque en caso de que no lo cogieran, no tendría el trabajo que necesitaba). Así, hay muchas características de la situación que varían de persona en persona y que hacen que una situación social genere mucha más ansiedad que otras.

Cuando Juan (u otra persona que sufre ansiedad social) conseguía enfrentarse a la situación temida, solía centrar la atención en sí mismo más que en la propia actividad que estaba haciendo (por ejemplo, seguir la conversación). Así, dirigía la atención hacia sus propios síntomas de ansiedad, los pensamientos negativos que se le pasaban por la cabeza (por ejemplo: «qué van a pensar de mí», «qué imagen estoy dando»), los errores que cometía (que se quedara en blanco o que confundiera una palabra, por ejemplo) y las reacciones negativas de los demás (por ejemplo, un silencio, un desacuerdo o una mirada). Al mismo tiempo, Juan no tenía en cuenta nada de lo que hiciera bien en estas situaciones ni se fijaba en las reacciones positivas de los demás.

El principal error que las personas que sufren ansiedad social comenten es que al estar centradas en sí mismas creen que el modo en que se sienten y el modo en el que perciben su entorno es el mismo en que los otros, desde fuera, los ven. En el caso de Juan, estaba seguro de que cuando se sentía humillado o había sudado mucho era porque los demás realmente lo humillaban o percibían que efectivamente estaba sudando. Sin embargo, muchas veces, esa impresión no es realista, sino que es una exageración negativa de determinadas características, aspectos personales o de la importancia que realmente tienen. Esto, sumado a la atención centrada en uno mismo, intensifican la ansiedad y las anticipaciones negativas que mantienen y refuerzan las conductas defensivas, como beber alcohol, no mirar a los demás, agarrar las cosas con fuerza, hablar poco, etc., y la evitación.

Cuando Juan evitaba una situación o utilizaba estas conductas defensivas, conseguía reducir o prevenir temporalmente la ansiedad y creía que minimizaba o evitaba alguna consecuencia negativa (como, por ejemplo, una crítica, que lo rechazaran, humillaran, que se dieran cuenta de que tenía ansiedad, etc.). Sin embargo, lo que realmente conseguía, sin quererlo, era mantener la ansiedad y las anticipaciones negativas que sufría. Y esto, a su vez, volvía a reforzar la evitación y las demás conductas defensivas.

Además, esta evitación y otras conductas defensivas pueden acarrear otras consecuencias negativas o efectos indeseados en la relación, como, por ejemplo, que los demás nos vean como menos amables al no mirar a los ojos o hablar poco o de forma más seca o cortante. También puede ocurrir que pretendiendo disimular o evitar que un síntoma sea percibido por los demás, lo que hacemos es resaltarlo a sus ojos. Cuando nos tapamos al ponernos rojos, podemos hacer que los demás verdaderamente se fijen en estas reacciones porque taparse llama más la atención que ponerse rojo.

Por tanto, cuando Juan se enfrentaba a situaciones que temía, utilizaba sus estrategias defensivas, se centraba en sí mismo y sentía mucha ansiedad: había una interferencia en su forma de relacionarse. No solo subjetiva en la que el propio Juan minusvaloraba su actuación, sino, a veces, realista con una conversación aburrida, algunos bloqueos o incoherencias, con voz temblorosa, actos menos amables, etc. Y a esto, en la mayoría de las personas que sufren este problema, se suma que pueden no haber aprendido determinadas habilidades sociales, como hablar en público, iniciar o mantener una conversación, hacer una reclamación, mostrar desacuerdo o simplemente decir «no».

Todo ello produce consecuencias muy negativas en la vida de las personas que sufren ansiedad social, como tener mucho menor rendimiento académico cuando depende de situaciones sociales o actuaciones en público (por ejemplo, Juan prefería tener una menor nota que hacer una exposición en clase), menor rendimiento laboral, bajo estado de ánimo, menor probabilidad de tener relaciones íntimas o de amistad, abuso de alcohol, ansiolíticos o tabaco. Cuando se sufre de ansiedad social, no es raro tener estallidos de ira con las personas más cercanas, una reacción que empeora la calidad de sus relaciones y les hace sentir vergüenza y culpabilidad.

La paradoja de las personas que sufren ansiedad social es que desean el contacto social, pero se ven incapaces de tenerlo de la manera que ellos consideran adecuada.

¿QUÉ HACER PARA MANEJAR LA ANSIEDAD SOCIAL?

El objetivo terapéutico del trabajo en ansiedad social se centra en reducir o eliminar las conductas de evitación o cualquier otra conducta defensiva. Se hace a través de una exposición gradual a las situaciones temidas mientras se adquieren habilidades sociales que se puedan necesitar para hacer frente a las mismas. La idea es enfrentarnos a experiencias sociales para habituarnos a los síntomas de la ansiedad y para comprobar por nosotros mismos que realmente las consecuencias negativas que estábamos anticipando no ocurren.

La única manera que tenemos de cambiar la forma en la que pensamos no es pensar en otra cosa e intentar sustituir un pensamiento por otro de forma directa. Estas recomendaciones que podemos leer o escuchar por ahí son parches, son distracciones momentáneas del problema, no son soluciones. La forma en la que pensamos acerca de una situación solo se puede cambiar cuando la desafiamos por medio de la experiencia, enfrentándonos a situaciones y haciendo el esfuerzo cognitivo de buscar explicaciones alternativas a determinadas situaciones.

Imagina a una persona que ha quedado con otra a través de alguna aplicación de internet con la intención de tener una relación de pareja. Quedan a las 17.00 para tomar un café en una bonita terraza del centro. Cuando llega, se sienta a esperarla. Pasan quince minutos y la otra persona no aparece. Llegados a este punto podría pensar «seguro que al final no le gusté y ha decidido no venir», «a lo mejor me vio desde la distancia y no le parecí atractivo o atractiva». Si es una persona que sufre ansiedad social (y que no ha leído este libro), a lo mejor se levanta y se va. Por tanto, no podrá comprobar que a lo mejor la otra persona ha pillado un atasco y ha llegado a las 17.30 disculpándose por el retraso. Así, la única manera que tenemos de desafiar verdaderamente nuestras anticipaciones negativas es enfrentándonos a las situaciones que nos dan miedo.

Por otro lado, la única manera que tenemos de sentir mucha menos ansiedad o dejar de sentirla a largo plazo es enfrentándonos y experimentando con total conciencia la situación que tememos. Cuando lo hacemos una y otra vez podemos conseguir disminuir la intensidad de lo que sentimos en la situación o situaciones que estamos viviendo. Es la habituación de la que ya hemos hablado. ¿Recuerdas el ejemplo del parque de atracciones donde te subes por primera vez en la montaña rusa? De igual forma, la primera vez que hagas una presentación en público sentirás lo mismo que antes de subirte al vagón, una elevada activación fisiológica, y cuando te subas y el vagón empiece a ascender antes de esa primera bajada, tal vez te agarres fuertemente al manillar, sientas taquicardia, se te acelere la respiración y sudes. Lo mismo puede ocurrir antes de salir a hablar, esos minutos previos pueden llegar a ser un infierno. Recuerda qué comentábamos que pasaría si te montaras diez veces seguidas en esa misma atracción... Pues lo mismo pasaría si presentases ese trabajo varias veces seguidas. Seguramente las últimas veces ya no experimentarías esa activación tan elevada. Esto es lo que se conoce como habituación y en ella se basan todos los tratamientos para los problemas de ansiedad.

Vamos a ver cómo podemos aplicar este proceso tan interesante a los problemas de ansiedad social.

¿CÓMO SUPERAR LA ANSIEDAD SOCIAL?

Si has conseguido leer el libro hasta aquí, ya sabes la respuesta: EXPOSICIÓN. La única manera de superar la ansiedad social es enfrentándote a las situaciones que actualmente te dan miedo sin activar las conductas defensivas.

Puedes hacer las exposiciones siguiendo estos pasos:

1. Antes de hacer una exposición identifica los pensamientos negativos y las consecuencias negativas que asocias a la situación a la que te vas a exponer. Esto te permitirá luego comprobar si tenías razón o no. Si te es más fácil, puedes apuntarlos en una libreta que tengas a mano o en el mismo móvil. Te facilitamos un sencillo modelo de registro:

Fecha / Situación	¿Qué creo que va a pasar?	¿Qué fue lo que realmente pasó?	Resultados	Consecuencias

2. Durante la exposición social que elijas céntrate en la actuación social que vas a llevar a cabo, en el contenido de lo que vas a decir, por ejemplo, o lo que está diciendo la otra persona. Lo importante es sacar el foco de ti y llevarlo a la interacción que estás teniendo. Más adelante explicaremos de forma más detallada cómo hacer adecuadamente esta parte.
3. Después de la exposición, lleva a cabo una evaluación realista de lo que has vivido para que puedas valorar lo que has conseguido y las verdaderas reacciones de los demás. Presta especial atención porque lo más probable es que tiendas a minimizar todo lo positivo que logres, exageres los fallos o interpretes negativamente las reacciones de los demás. También ten en cuenta aquellos

cambios que tengas que hacer de cara a volver a exponerte a una situación parecida. Puede serte de utilidad un registro como el que te hemos facilitado.

En el capítulo 4 encontrarás la guía para hacer estas exposiciones de forma más detallada; no olvides que deberás identificar todas las conductas defensivas (los cuatro jinetes del Apocalipsis) y reducirlas o eliminarlas en el momento de la exposición. Debido a la naturaleza particular de la ansiedad social te queremos ayudar con la identificación de tu lista de posibles conductas defensivas y que te hará más fácil identificarlas para poder eliminarlas. Si te es muy difícil eliminarlas de golpe, puedes ir haciéndolo de forma gradual mientras te expones repetidamente a una situación:

- Evitas el contacto visual o apartas la mirada de tu interlocutor.
- Evitas ser el centro de atención en las reuniones sociales.
- Cuando tienes que hablar lo haces de la forma más rápida posible, sin apenas interrupciones.
- Cuando tienes que hablar reduces al mínimo lo que tienes que decir.
- Cuando vas a algún sitio tiendes a sentarte en el lugar más escondido posible.
- Finges no mostrar interés en lo que está sucediendo o te comportas de manera lejana o distante.
- Te limitas a ser un espectador o una espectadora pasiva de la situación.
- Cuando te cruzas con alguien finges no haberlo visto.
- Caminas mirando el suelo, evitando el contacto visual o usas gafas de sol para «esconderte» detrás de las mismas.

- Dejas de hacer lo que estabas haciendo, como comer, beber o escribir, cuando sientes que estás siendo observado u observada.
- Tratas de aparentar tranquilidad o sonríes o te ríes para esconder tu nerviosismo.
- Compruebas continuamente si estas presentable o si tu imagen es la adecuada.
- Te alejas de la persona con la que estás hablando.
- Caminas con las manos en los bolsillos o tratas de disimular el temblor de cualquier otra forma.
- Piensas muy bien lo que vas a decir antes de hablar.

Estos son solo algunos ejemplos que pueden servirte de guía para identificar las conductas defensivas, pero no son los únicos. Seguro que puedes añadir otros comportamientos de búsqueda de seguridad, tranquilización o distracción que consideres importantes. Mantén los ojos bien abiertos respecto a este tipo de conductas. ¡Les encanta pasar desapercibidas!

La ansiedad social se diferencia de otros problemas de ansiedad en su forma de intervención o tratamiento en que, aparte de hacer estas exposiciones, muchas veces es necesario aprender determinadas habilidades sociales para hacerles frente.

Podríamos definir las habilidades sociales como un conjunto de capacidades y destrezas interpersonales que nos permiten relacionarnos con los demás de forma adecuada. Gracias a estas habilidades somos capaces de expresar nuestros sentimientos y emociones, nuestras necesidades, deseos u opiniones, en diferentes interacciones, contextos o situaciones, sin tener que sufrir ansiedad, tensión u otras emociones negativas.

Como hemos comentado, las personas con ansiedad social pueden tener dificultades específicas en este tipo de habilidades, como, por ejemplo, en la capacidad para decir que no a alguien, en hacer o recibir críticas, en pedir algún favor o en manejar situaciones de confrontación o conflicto.

Hay que tener en cuenta que las habilidades sociales no son cuestión de todo o nada. Algunas personas pueden poseer buenas habilidades en un entorno o una situación concreta e igualmente tienen dificultades específicas en otro. Por ejemplo, una persona puede no tener problemas para hacer amigos, iniciar y mantener conversaciones, acudir solo a una reunión o fiesta, pero, sin embargo, costarle mucho hablar en público, recibir una crítica o decirle a alguien algo que no le gusta o le molesta. Un buen programa de habilidades sociales requiere de una completa y exhaustiva evaluación previa para conocer las habilidades que cada persona tiene, sus puntos fuertes, así como los problemas concretos, las dificultades específicas y las limitaciones personales que presenta.

Se puede dar el caso, como le pasó a Juan y suele ser lo más habitual, que tengas que aprender o desarrollar alguna habilidad social concreta o varias de ellas para poder enfrentarte a alguna de las tesituras que has marcado en tu listado de situaciones a las que te cuesta exponerte. Lo ideal es acudir a terapia, donde este proceso se hará como un traje a medida, pero en el caso de que, por las razones que sean, no puedas ir, te dejamos una serie de pautas para aprender alguna de estas habilidades sociales. Selecciona las de tu interés en función de lo que consideres que te falta y que te genere ansiedad:

- Preguntar cómo actuar ante una situación determinada a varias personas de tu entorno y de confianza que consideres que se desenvuelvan bien. Es importante que no solo preguntes qué decir, sino también lo que tenga que ver con el comportamiento no verbal, como, por ejemplo, el tono de voz o la postura corporal.

- Puedes también observar cada vez que puedas cómo se comportan otras personas, qué dicen y qué hacen e intentar imitarlas posteriormente o ensayar mentalmente antes de enfrentarte a una situación similar. Intenta ensayar las situaciones de la manera más realista que puedas y, si es posible, con alguien de confianza que pueda hacer el papel de otra persona. El trabajo en juego de roles o *roleplaying* suele ser muy eficaz en la adquisición de las habilidades sociales. Por ejemplo, con Juan nos repartíamos papeles y hacíamos entrevistas de trabajo en consulta. Nosotros, los terapeutas, nos convertíamos durante un tiempo en sus entrevistadores y, cuando acabábamos, le dábamos los comentarios, las correcciones y las opiniones de su actuación. Luego le sugeríamos cambios concretos de cara al siguiente ensayo. Lo repetíamos una y otra vez hasta que conseguíamos que Juan adquiriera los cambios que necesitaba.
- Otra opción interesante es, siempre que se pueda, grabar en vídeo los ensayos para poder verlos a continuación. La videocorrección ayuda a adquirir una mejor perspectiva externa y una visión más objetiva de la actuación. Puedes anotar los cambios que quieras hacer para posteriormente volverlos a corregir y ensayar. Cuando veas esos vídeos no te centres en lo que sientes, sino solo en lo que ves, en lo que haces. Tampoco te fijes en los detalles pequeños, sino en aquellas conductas generales que te has propuesto cambiar. Al principio puede que te cueste ser objetivo u objetiva contigo; en ese caso, puedes pedirle a alguien que vea el vídeo por ti y te haga los comentarios oportunos.
- Cuando hayas adquirido la habilidad que necesitabas para seguir avanzando en tu jerarquía es entonces el momento de exponerte a la siguiente situación de tu

listado. Este proceso busca la exposición a las situaciones sociales temidas, al tiempo que la adquisición por entrenamiento previo de las habilidades sociales que necesitas para dichas exposiciones.

Tienes que ser realista. Que consigas los objetivos que te has propuesto requiere de mucha práctica y tiempo. Ten paciencia contigo mismo o contigo misma. Va a haber altibajos, habrá días buenos y otros malos. Lo importante es que no pierdas la motivación. No pierdas de vista la razón o el motivo por el que necesitas hacer estos cambios en tu vida y poco a poco irás mejorando, y aunque la desaparición de la ansiedad social puede que no sea total, conseguirás una autonomía muy grande en tu día a día. Habrá veces que los demás puedan criticarte o juzgarte, y aunque no sea tanto como en un principio pensabas, lo cierto es que a veces pasa. Lo importante aquí es que aprendas a aceptarlo como parte de la vida y que vayas aprendiendo poco a poco que es mucho más importante tu bienestar que el qué dirán o pensarán otras personas. Y esto se consigue por medio de la práctica y las exposiciones.

A veces nos pasa en consulta que las personas con las que trabajamos al notar cierta mejoría abandonan la terapia. Esto se debe a diversas razones: a veces piensan que su problema está solucionado, otras que con lo conseguido hasta ese momento es suficiente para ser feliz en su vida. A lo mejor te pasa a ti cuando lleves un tiempo aplicando estos ejercicios. Pero debes saber que la única manera de lograr los objetivos que te propusiste es seguir enfrentándote a las situaciones y seguir practicando las habilidades sociales que necesitas aprender. Con el tiempo, enfrentarte a este tipo de situaciones será parte normal de tu vida cotidiana, dejará de ser un esfuerzo.

Otras veces, las personas que vienen a consulta experimentan que situaciones que habían superado les vuelven a generar una ansiedad elevada y esto, a veces, lleva a una recaída. Esto es absolutamente normal dentro del trabajo para gestionar la ansiedad social. No decaigas. Lo importante es que cuando te enfrentes a una situación y te pase algo así vuelvas a exponerte lo antes posible, en un periodo corto de tiempo para que no tengas una recaída. También debes tener en cuenta que estas situaciones se pueden dar con mayor probabilidad cuando dejamos de practicar todo lo que hemos comentado hasta ahora, o si tienes alguna experiencia negativa en relación con alguna de estas situaciones, como que te quedes en blanco dando una charla, o incluso si estás pasando por un período de mucho estrés o estás viviendo un suceso vital negativo, como, por ejemplo, una ruptura de pareja, la muerte de alguien cercano o una enfermedad grave.

Si has conseguido seguir esta guía y te vas encontrando mejor, es el momento de plantearse dejar de tomar los fármacos que quizá hasta ahora te han ayudado a sobrellevar esta situación.

Eso sí, nunca debes hacerlo por tu cuenta; la retirada debe ser gradual y supervisada por tu médico. Puedes contarle lo que has ido trabajando hasta este momento y que ahora te ves capaz de afrontar estas situaciones sin ayuda de la medicación. Ten en cuenta que a lo mejor algunas situaciones vuelven a generarte ansiedad después de la retirada de la medicación, en cuyo caso, ya sabes lo que tienes que hacer: exponerte a las situaciones de tu jerarquía de forma repetida y poco a poco.

Las personas que son sensibles a la ansiedad siempre lo serán. El objetivo no es dejar de sentir ansiedad, eso es imposible. El objetivo es no sufrir ansiedad y que esta no te limite en ningún sentido tu vida.

IDEAS CLAVE DE ESTE CAPÍTULO

- La ansiedad social es un miedo intenso, persistente y excesivo en respuesta a una o más situaciones sociales o actuaciones en público.
- Las personas con ansiedad social pueden tener miedo a muchos tipos de situaciones sociales distintas.
- Reducir o eliminar la evitación y el resto de las conductas defensivas es el objetivo principal si buscamos dejar de sufrir por la ansiedad social. Se logra a través de una exposición gradual a las situaciones temidas mientras adquirimos las habilidades sociales que podemos necesitar para hacer frente a las mismas.

Capítulo 8

NO PUEDO PARAR DE PREOCUPARME:

el trastorno de ansiedad generalizada

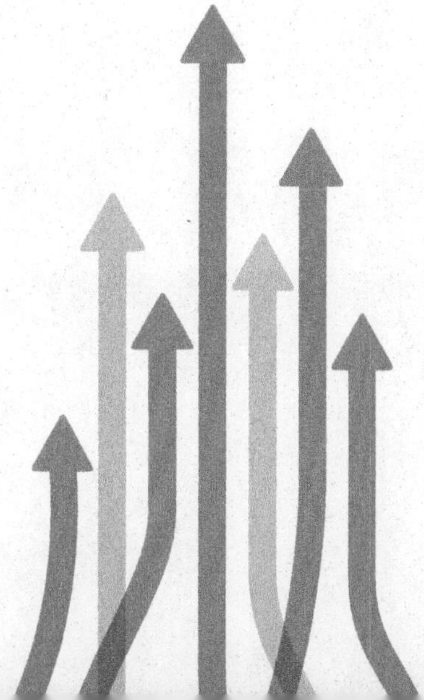

«Toda mi familia dice que me preocupo demasiado. Tienen razón, no puedo parar de preocuparme, es imposible, y no tengo claro que realmente pueda o quiera. Pero ya no aguanto a mi cabeza, no para en todo el día y ya no sé qué hacer para que se calle. Nada me funciona como antes.»

Sara

Sara es una mujer de treinta y seis años que acudió a Psicosalud porque presentaba crisis de pánico. El motivo inicial de consulta, porque como veremos fueron surgiendo otros, fue la presencia de problemas de ansiedad que habían comenzado hacía aproximadamente un año y medio con crisis de pánico inesperadas mientras dormía. A Sara le preocupaba mucho la salud y se había realizado diversas pruebas médicas antes de acudir a terapia y todas habían descartado cualquier tipo de enfermedad o patología orgánica. Diversos profesionales de la salud le comentaron que tenía ansiedad, le recomendaron tratamiento psicológico y le recetaron desde hacía un mes Diazepam (un fármaco ansiolítico perteneciente al grupo de las benzodiazepinas) y Citalopram (fármaco inhibidor selectivo de la recaptación de serotonina [ISRS] perteneciente al grupo de los antidepresivos).

La ansiedad de Sara era consecuencia de sus múltiples preocupaciones. «No puedo parar de preocuparme», comentaba. Las más graves eran aquellas relativas a su propia salud, sin tener ningún problema médico, y a que su madre, de ochenta años, pudiera empeorar y quedar con secuelas graves o morir. La madre tenía una enfermedad cardíaca controlada y vivía con una hija que, pese a tener un retraso intelectual leve, podía atenderla en caso necesario. Otras preocupaciones importantes giraban en torno al bienestar de su familia, estaban relacionadas con el futuro de esa hermana, la situación económica de otro de sus hermanos y la situación familiar de una hermana viuda. Igualmente le preocupaban otras muchas cosas, como expresarse mal con los demás y no hacerse entender y no hacer las cosas bien. Sara consideraba que sus preocupaciones eran excesivas y difíciles de controlar y que le ocupaban la mayor parte del día. Sara sufría un trastorno de ansiedad generalizada.

¿QUÉ ES LA ANSIEDAD GENERALIZADA?

Lo que sufre Sara se conoce en psicología clínica como trastorno de ansiedad generalizada. Debemos entender que, independientemente de si hablamos de ansiedad social, ansiedad generalizada o ataque de ansiedad, siempre se trata de una respuesta psicofisiológica más o menos intensa de lucha-huida que se pone en marcha ante situaciones potencialmente peligrosas para la persona. La única diferencia radica precisamente en el tipo de situaciones que la persona valora como peligrosas. Para poder clasificarla dentro de una categoría diagnóstica concreta (agorafobia, pánico, ansiedad social o generalizada) tenemos que observar las manifestaciones más comunes que pueda adquirir esa ansiedad en la vida de la persona y lo que esta considera como potencial peligro. En el caso de ser ansiedad social, las manifestaciones giran en torno a los miedos, creencias y pensamientos negativos en relación con los contactos sociales.

De esta forma, la ansiedad generalizada se caracteriza por una ansiedad constante y preocupaciones excesivas por distintos temas, como la salud propia o la de los seres queridos, el bienestar de amigos y familia, el trabajo o los estudios, la situación económica y/o cualquier otra preocupación de la vida cotidiana.

Piensa por un momento si te has preocupado por algún motivo en el día de hoy, en los días anteriores o en la última semana. Seguro que tu respuesta es afirmativa. Las preocupaciones son un proceso cognitivo relativamente normal en la población general. Según algunos estudios, en torno al 40 % de las personas se preocupan al menos una vez al día. Pero ¿qué entendemos por preocupación? ¿Existe diferencia entre preocupación y preocupación excesiva? ¿Y es lo mismo una preocupación excesiva que una obsesión? ¿Y la rumiación?

¿Preocupación, preocupación excesiva, rumiación u obsesión?

Es importante conocer las diferencias entre estos conceptos porque nos ayuda a identificarlos y a gestionarlos mejor. Es clave que entendamos esto como una cuestión dimensional no categorial, es decir, es cuestión de grados la diferencia entre una preocupación «normal» y una «excesiva» o «patológica» así como entre una rumiación y una obsesión, aunque esta última tenga cualidades peculiares, como veremos.

Comencemos definiendo qué es una preocupación. La palabra «preocupación» proviene de la raíz latina *praeoccupatio*, 'ocupación previa o anticipada', cuyo verbo *praeoccupare* se forma con *prae-* ('antes') y el verbo *ocupare* ('ocupar'). Hace referencia al fenómeno psicológico que ocurre antes de ocuparse de algo, antes de la acción. Esto sería una preocupación «sana», deseable, que no nos genera problemas de ningún tipo, solo nos dirige a la ejecución de una acción. No se distingue de una buena planificación o interpretación de la situación. Pero esto rara vez ocurre.

De forma más concreta, las preocupaciones se definen como una cadena de pensamientos sobre un peligro o desgracias futuras, en la que existe una incertidumbre sobre los resultados, es decir, la posible amenaza futura se interpreta como impredecible y/o incontrolable y, además, se acompaña de cierto grado de ansiedad. Dichas preocupaciones surgen ante situaciones cotidianas de la vida diaria y son un intento de resolver un problema que sentimos que nos amenaza o que se percibe peligroso. Muchas veces nos preocupamos constantemente porque consideramos que de esta forma estamos prestando atención al problema o estamos solucionándolo. Estas preocupaciones no interfieren en la realización de actividades y responsabilidades diarias, son más fáciles de controlar y tienen que ver con un menor número de temas o situaciones. Aunque pueden causar malestar, este es mucho menor y no producen deterioro en áreas importantes del funcionamiento de la persona.

Por el contrario una persona que se preocupa excesivamente está hipervigilante sobre aquello que puede considerar una amenaza y esto genera mucho malestar emocional y físico porque cuando las preocupaciones giran en torno a una multitud de situaciones distintas, se vuelven muy frecuentes, duran horas o incluso días y resultan muy difíciles de controlar. Suelen generar estados de fatiga o cansancio, dificultad para concentrarse o quedarse con la mente en blanco, irritabilidad, tensión muscular y alteraciones del sueño. Una persona que no sufre ansiedad generalizada se preocupará de manera mucho menos excesiva y desproporcionada, menos veces al día, las preocupaciones le durarán menos tiempo y no tendrá una ansiedad muy elevada asociada.

Normalmente una preocupación tiene su propia narrativa, siempre empieza con un «y si X... (X = pasa algo malo)» y sigue con una serie de consecuencias negativas. Por ejemplo, Eva pensaba «¿Y si me quedo sin trabajo?», y seguía con «¿tendremos dinero suficiente para pagar todas las facturas?», «¿podrá mi marido hacerse cargo de todos los pagos que tenemos que hacer?», «¿qué va a ser de los estudios de mis hijas si no podemos pagarles la universidad?», «¿tendremos que pedir ayudas económicas al Estado?», «¿tendremos que vender la casa?». Esta cadena de pensamientos era para Eva cada vez más difícil de controlar y le generaba más ansiedad.

Como ya hemos visto, una cosa es preocuparse por algo, otra preocuparse excesivamente por algo, y otra muy distinta, obsesionarse con algo. Como veremos más adelante en el capítulo 9 sobre el trastorno obsesivo compulsivo, las obsesiones no son simples preocupaciones excesivas sobre problemas cotidianos o de la vida real, sino que son pensamientos que se experimentan como intrusos e inaceptables (egodistónicos) que adoptan frecuentemente la forma de impulsos e imágenes añadidos a los pensamientos. En cambio, las preocupaciones que suelen experimentarse como pensamientos verbales con su propia narrativa «y si...» son egosintónicos (van en sintonía con nuestros valores) y su contenido no suele ser visto como inapropiado. Por otra parte, la mayoría de las obsesiones van acompañadas de compulsiones dirigidas a reducir la ansiedad y el contenido de dichas obsesiones tiende a ser estático, suelen girar en torno a un tema concreto, mientras que el de las preocupaciones es más cambiante y puede variar de semana a semana e incluso de día a día.

El concepto de egodistonía, que puede resultar extraño, en realidad hace referencia en psicología a comportamientos, pensamientos o sensaciones que generan malestar o incomodidad a las personas que los padecen debido al hecho de que les resultan incongruentes con sus valores o maneras de ser o de pensar. Son elementos que están en conflicto o son disonantes con los aspectos que más valoran de ellos mismos, de los demás o de la vida. Las obsesiones generan esta egodistonía, esta incongruencia con los valores propios; las preocupaciones no. Parecen lo mismo, pero no lo son; las diferencias cualitativas nos ayudan a poder gestionarlas mejor.

Las preocupaciones también son distintas de las rumiaciones depresivas. Las preocupaciones tienden a centrarse en posibles eventos negativos en el futuro, mientras que las rumiaciones se focalizan en eventos negativos que ya han sucedido. Aunque una preocupación puede referirse a un acontecimiento pasado, el centro de atención principal radica en las posibles repercusiones futuras. Así, la persona que se preocupa por algo que dijo en una reunión, está realmente preocupada por las consecuencias que podría tener eso que dijo. Hay un dicho que dice que la mente ansiosa vive en el futuro y la mente deprimida vive en el pasado.

CÓMO SURGE Y SE MANTIENE LA ANSIEDAD GENERALIZADA

Como hemos visto anteriormente el origen de la ansiedad es multifactorial. Podemos tener una mayor predisposición a sufrir un trastorno de ansiedad generalizada debido a factores biológicos, psicológicos y sociales y llegar a desarrollarlo ante situaciones vitales estresantes.

De manera concreta, en la ansiedad generalizada interviene, por un lado, una vulnerabilidad biológica que está genéticamente determinada. Y, por otro lado, una predisposición a ver el mundo como un lugar peligroso y la creencia de que somos incapaces de hacer frente a eventos amenazantes (vulnerabilidad psicológica). Esta predisposición se puede dar después de vivir eventos traumáticos o muy estresantes, pero también por haber crecido bajo estilos educativos que favorecen un apego inseguro en la infancia, como padres hipercontroladores y poco afectuosos. El apego es un aspecto importante en el desarrollo de los problemas de ansiedad en la adultez ya que es un vínculo afectivo que se establece en la infancia entre una persona y su cuidador o cuidadora. Cuando se da entre un niño y un adulto, se basa en las necesidades de protección y seguridad que este necesita en la etapa vital en la que se encuentra. La teoría del apego es la teoría que pretende describir la dinámica a largo plazo de las relaciones entre los seres humanos. Su principio más importante declara que un recién nacido necesita desarrollar una relación con al menos un cuidador principal para que su desarrollo social y emocional se produzca con normalidad. El apego inseguro del que hablamos es aquella relación niño-adulto que compromete la exploración, la autoconfianza y el poder conocer de manera más profunda el entorno.

La ansiedad generalizada se mantiene a lo largo del tiempo por la influencia de distintos factores que comúnmente son:

- Tener baja tolerancia al malestar. La tolerancia al malestar es la capacidad subjetiva que se tiene para tolerar estados emocionales negativos, estados que produzcan aversión (como, por ejemplo, el malestar físico) y estados de malestar interno provocados por situaciones estresantes. La tolerancia al malestar incluye, a su vez, diversos aspectos:
  - Tolerancia a la incertidumbre: se refiere a la capacidad subjetiva para lidiar con la falta de certezas y poder responder a ellas.
  - Tolerancia a la ambigüedad: es la tolerancia subjetiva a las situaciones o estímulos que pueden ser confusos, desconocidos o indeterminados.
  - Tolerancia a la frustración: es la capacidad subjetiva para poder hacer frente a la adversidad.
  - Tolerancia a los estados emocionales negativos: hace referencia a la capacidad subjetiva para sobre-

llevar el malestar proveniente del interior, de lo que se siente.
– Tolerancia a las sensaciones físicas: capacidad subjetiva para tolerar sensaciones físicas que causan molestia.

- Algunos sesgos cognitivos, como la atención sesgada a la amenaza, la interpretación de la información ambigua como amenazante y la exageración de la probabilidad de la amenaza.
- La orientación negativa hacia los problemas, entendida como un conjunto de reacciones disfuncionales que interfieren en la adecuada y eficaz resolución de los mismos.
- La percepción de falta de recursos para manejar las amenazas y las reacciones emocionales que podamos tener.
- Algunas creencias sobre la utilidad de las preocupaciones (que explicaremos más adelante).
- La utilización de conductas de seguridad (uno de nuestros cuatro jinetes), entre las que hay una que tiene especial relevancia en este capítulo y es la supresión de pensamientos inquietantes conocida como evitación cognitiva.

En el caso de Sara, ella nos comentaba en sesión los síntomas que sentía: dificultades respiratorias, taquicardia, hormigueo, mareo, calor y dolor y/o malestar en el pecho. Estas respuestas eran seguidas de pensamientos negativos del tipo «debo de tener algo», «voy a perder el control» y «me voy a morir», y en ocasiones alcanzaba el nivel de crisis de pánico. Estas aparecían tanto durante el día como por la noche; en este último caso eran menos frecuentes (una al mes), pero más intensas y perturbadoras. Últimamente, estas crisis habían remitido bastante como consecuencia de las explicaciones de su médico, que la tranquilizaban, de la medicación que empezó a tomar y de las estrategias que empleaba para manejar la ansiedad: distracción, respiraciones profundas y mascarilla. Sara tenía a los cuatro jinetes del Apocalipsis campando a sus anchas en su vida.

Como comentamos, la ansiedad de Sara era una consecuencia de sus preocupaciones y estas eran disparadas por una diversidad de situaciones, entre las que se encontraban las llamadas telefónicas inesperadas que hacían que pensara que a alguien de su familia le había pasado algo grave; los cambios, incluso leves, en el estado anímico o de salud de su madre, que para ella eran signos de empeoramiento claros y posible muerte y, en general, las situaciones relacionadas con el sufrimiento o la enfermedad: noticias, películas, programas, personas enfermas o pobres en la calle y percepción de ciertas sensaciones.

Este tipo de situaciones resultaban especialmente ansiógenas para Sara porque ella tenía una serie de características personales que favorecían esas respuestas de ansiedad, tales como baja intolerancia a la incertidumbre (por ejemplo, no querer aceptar que su madre o ella pudieran enfermar), la tendencia a prestar atención de forma sesgada a las amenazas (por ejemplo, estar alerta ante cualquier indicio de empeoramiento de la salud), un elevado sentido de responsabilidad (se sentía la principal responsable de su madre) y una clara actitud negativa hacia los problemas, incluyendo pocos recursos percibidos para hacerles frente.

Aunque Sara afirmaba, por una parte, ser consciente de la escasa utilidad de sus preocupaciones, por otra parte creía que preocuparse podría evitar un padecimiento mayor cuando ocurriera el acontecimiento que más temía: el empeoramiento en la salud de la madre, su sufrimiento y su fallecimiento. Sin embargo, las preocupaciones eran también una fuente constante de malestar emocional, por lo que intentaba defenderse de las mismas suprimiéndolas o distrayéndose. Muchas personas comparten la creencia de Sara respecto a que si se preocupan mucho por un suceso que posiblemente acabe en tragedia es como si se preparasen mejor para el golpe emocional. Lamentablemente esto no es cierto. Cuando la tragedia o el dolor acontecen en nuestra vida no podemos evitar su impacto; en lo único en lo que podemos trabajar es en reducir el sufrimiento resultante de ese dolor. El dolor es inevitable, no hay forma de minimizarlo. El sufrimiento tiene que ver con todo ese manejo psicológico o emocional del dolor y las personas que tienden a preocuparse son más proclives a amplificar ese dolor mediante ese exceso de preocupación o la reiteración de los temas, con lo que sin quererlo mantienen durante más tiempo y con más intensidad el sufrimiento.

Para agravar más ese mantenimiento de la ansiedad, Sara realizaba conductas de comprobación tales como pasar las tardes con su madre después de salir de trabajar, llamarla frecuentemente para asegurarse de que estaba bien y visitar al médico cuando las preocupaciones por su salud eran inmanejables. Todas estas conductas defensivas le producían un alivio temporal, pero contribuían a mantener las preocupaciones. Por otra parte, la madre no seguía las indicaciones de los médicos, lo que potenciaba las comprobaciones de Sara sobre su estado de salud. También contribuía a esto el «chantaje emocional» de la madre: «Vete, que cuando vuelvas estaré muerta», «Si me muero es mejor para ti, una carga menos». Este es un buen ejemplo de la influencia que tienen las figuras de apego en el desarrollo de problemas de ansiedad en la vida adulta de sus hijos e hijas.

Aparte del impacto directo en la respuesta de ansiedad, otras consecuencias de las preocupaciones eran las siguientes: alteraciones del sueño, dificultades de concentración, irritabilidad, tensión muscular y un bajo estado de ánimo. A nivel interpersonal, las preocupaciones habían llevado a una disminución de los contactos sociales, a una reducción del deseo sexual y de las relaciones sexuales, y a una eliminación de los viajes con su pareja, ya que a su madre podría pasarle algo estando ella fuera.

Merece la pena detenerse un momento en la historia personal de Sara porque nos gustaría mostrarla como ejemplo de la importancia de los aspectos vivenciales y de aprendizaje en el desarrollo de los problemas de ansiedad en la vida adulta. En el origen de los problemas de Sara había una historia en la que la enfermedad de personas significativas desempeñó un papel muy importante. Cuando apenas había cumplido los ocho años, su padre murió de cáncer y la familia quedó en un estado de precariedad económica que duró años. A sus diecisiete años, su madre sufrió una apendicitis grave. Y aunque Sara llamó a su hermana mayor para que la llevara a urgencias, donde la operaron, la hermana la culpabilizó de no haber llamado ella a una ambulancia y de las posibles consecuencias que se hubieran podido derivar. Desde entonces, Sara se sintió muy culpable y pasó a sentirse totalmente responsable del cuidado de su madre. Cuando tenía veintiún años, su madre sufrió una profunda depresión a raíz de que le diagnosticaran una enfermedad cardíaca crónica y estuvo ingresada en un hospital psiquiátrico por varios intentos de suicidio. Desde ese momento fue la única persona que se encargó del cuidado de su madre. Fueron frecuentes las visitas a urgencias, injustificadas en la inmensa mayoría de las ocasiones, y Sara llegó a reconocer que su madre utilizaba la enfermedad para conseguir la atención de los demás. El último acontecimiento que para Sara fue el desencadenante de su problema actual fue la muerte de su cuñado dos años antes tras un largo y doloroso proceso de enfermedad. Esta persona había sido muy importante para ella desde la muerte de su padre y no podía dejar de pensar en todo lo que había sufrido y en el hecho de que hubiera muerto joven. A partir de aquí, se intensificó su tendencia a preocuparse, especialmente por su propia salud y la de la familia y surgió un miedo intenso a que su madre sufriera tanto como su cuñado. En este contexto de fuertes preocupaciones e imágenes de su cuñado sufriendo surgieron las primeras crisis de pánico.

¿CÓMO ABORDAMOS LA ANSIEDAD GENERALIZADA?

Montaigne, filósofo y escritor francés del Renacimiento, escribió: «Mi vida ha estado llena de terribles desgracias, la mayoría de las cuales nunca sucedieron». Con esta maravillosa frase el autor nos recuerda lo inútil que es la preocupación y el tremendo sufrimiento que esta acarrea. Si te identificas con ella, es el momento de abordar este problema.

Los principales objetivos terapéuticos que debemos proponernos cuando sufrimos ansiedad generalizada son:

1. Aprender a manejar las sensaciones o síntomas físicos relacionados con la ansiedad y, de esta forma, ser capaces de reducir tanto el malestar que nos provoca como los ataques de pánico si los hubiera.
2. Aprender a manejar las preocupaciones y reducir su frecuencia, intensidad y duración.
3. Eliminar los cuatro jinetes del Apocalipsis. Es decir, dejar de utilizar conductas defensivas de evitación, seguridad, tranquilización y distracción para aliviar momentáneamente nuestra ansiedad.

Aunque hay casos particulares en los que habría que proponerse otros objetivos distintos, todo depende de las necesidades de cada uno y del tipo de situaciones e interacciones de las que hablemos. En el caso de Sara también se trabajaron habilidades sociales para mejorar la comunicación con su madre —y saber manejar los intentos de «chantaje emocional» por parte de esta— y aumentar las actividades agradables, personales y sociales con el fin de mejorar el estado de ánimo que estaba ligeramente deprimido.

Para trabajar estos objetivos principales, y si has llegado hasta aquí, ya lo sabes, debes dominar lo que es la ansiedad, por qué surge y se mantiene, y el concepto de exposición. Para hacer frente a las preocupaciones excesivas debemos aprender a diferenciarlas de otros tipos de pensamientos, como las obsesiones y las rumiaciones depresivas, que conllevan otro tipo de estrategias para combatirlas.

Para empezar a manejar adecuadamente nuestras preocupaciones debemos aclarar que estas normalmente se clasifican en dos categorías, cada una de las cuales lleva asociada una estrategia concreta para gestionarla. Por lo tanto, para aprender a manejarlas va a ser muy importante que aprendas a clasificar tus preocupaciones, así sabrás cuándo hacer uso de una u otra estrategia:

1. Preocupaciones que tienen que ver con problemas actuales (el problema ya existe). Por ejemplo, preocuparse por las consecuencias de haber discutido con un amigo, por la sobrecarga laboral que se padece, por lo que costará hacer una reparación, por el retraso escolar de un hijo... Son situaciones modificables y que tienen solución. Aunque la solución a veces no sea terminar definitivamente con el problema, se puede gestionar para que la intensidad emocional asociada a la misma no sea tan elevada.
2. Preocupaciones que tienen que ver con situaciones hipotéticas (el problema no existe todavía y en muchos

casos no existirá). Por ejemplo, preocuparse porque tu hijo puede tener un accidente de coche, por la posibilidad de desarrollar cáncer o por perder el puesto de trabajo sin que haya nada que lo indique. Son situaciones que no se pueden modificar.

No todas las preocupaciones pueden clasificarse claramente en una de las dos categorías. Por ejemplo, una preocupación puede implicar tanto un problema actual (por ejemplo, un dolor o cambio de humor que podía tener la madre de Sara) como una situación hipotética (el dolor o cambio de humor como un signo de que va a enfermar de gravedad o a morir).

Para aprender a diferenciarlas puedes llevar un diario de preocupaciones como el que te mostramos a continuación:

Día/ hora	Situación	¿Qué pienso?	¿Qué siento? (0-10)	¿Qué hago?	Tipos de preocupaciones

Este registro diario que vas a llevar contigo a partir de ahora en una libreta de mano o en el móvil también te va a servir para que te des cuenta de la asociación que existe entre tus estímulos internos (pensamientos, emociones y sensaciones) y los eventos externos, que son aquellas situaciones que disparan esas preocupaciones y cómo reaccionas ante todo ello.

Cuando hayas registrado varios días, puedes volver a leerlos y darte cuenta de los factores que están manteniendo tu ansiedad y puedes aprender a identificar aquellos cambios o aspectos que hacen que te suba la ansiedad. Es importante que te des cuenta aquí de que la ansiedad te la generan los pensamientos e imágenes que tienes acerca de un futuro que no existe, pero que esta ansiedad no se da cuando te centras en el momento presente.

Llegado a este punto te proponemos un gran reto. Se trata de que pospongas tus preocupaciones para un momento y lugar específico del día. La idea es disciplinarte un poco y no permitir que las preocupaciones ocupen todo tu tiempo y energía. Elige una hora del día (mejor que no sea al final del día para que no interfiera con tu calidad de sueño) y un lugar concreto para preocuparte de forma consciente y voluntaria durante un tiempo, entre quince y treinta minutos. Cuando hayas decidido el momento y el lugar sigue estas pautas:

1. A lo largo del día identifica las preocupaciones que tienes y otros pensamientos que son desagradables o innecesarios y posponlos a la hora y el sitio que te hayas propuesto. Puedes recordarte que no vas a ignorar la preocupación, simplemente le vas a dar un espacio y tiempo adecuado en tu vida.
2. Haz el esfuerzo en ese momento de simplemente estar presente estés donde estés, de centrarte en el momento que estás viviendo. Te puede ayudar hacer alguna actividad que requiera mucha concentración, porque te lo hará más fácil, pero si se trata de una actividad que requiera menos concentración puedes narrar en voz alta («pensar en alto si no puedes verbalizar») lo que estás

haciendo. Por ejemplo, si estás fregando los platos, puedes ir narrando lo que estás haciendo: «Ahora voy a echar agua sobre este plato, voy a poner jabón a la esponja, voy a frotar el plato para quitar los restos de comida, voy a quitar la espuma que ha hecho el jabón en el plato, lo enjuago, lo seco y lo guardo». La utilización de otro soporte como el verbal/sonoro ayuda a centrar la atención en la actividad a la que hace referencia.

3. Cuando toque preocuparse, preocúpate. Utiliza el tiempo que te fijaste para preocuparte y utilizar las estrategias que vas a ir aprendiendo en esta guía.

Si cuando lo intentas sientes que este reto es excesivo para ti, te proponemos que lo hagas al revés. Empieza por un período de tiempo en el que no vas a preocuparte e intenta ir ampliando este período cada vez más.

Esta técnica, que se engloba y es conocida dentro de la psicología como estrategia de control de estímulos, va a ser solo temporal. Es simplemente un reto que debe durar solo un período de tiempo en el que nos gustaría que te dieras cuenta de que sí tienes cierto control sobre tus preocupaciones y que ellas no te dominan a ti.

Y AHORA QUE SÉ DISTINGUIR MIS PREOCUPACIONES, ¿QUÉ HAGO?

Cuando Sara llegó a este punto del trabajo terapéutico, había entendido que tenía cierto grado de control sobre sus preocupaciones excesivas, sabía que la forma en la que se preocupaba la inmovilizaba y no la ayudaba a resolver los problemas y las situaciones a los que se enfrentaba y había aprendido a clasificar sus preocupaciones. En este punto, empezamos a aprender estrategias para hacer frente a sus preocupaciones:

Ya sabemos que la preocupación excesiva no es útil. Puedes creer que preocuparte te ayuda a descubrir formas de evitar una consecuencia desagradable o negativa, que te puede motivar a hacer cosas o que es una forma eficaz de resolver tus problemas. Pero no es así. Las preocupaciones excesivas te inmovilizan y complican la búsqueda de soluciones. Implica darle vueltas y más vueltas a lo malo que puede pasar, en qué te puedes equivocar, en si vas a fracasar y en lo difícil que puede ser. Pero la preocupación excesiva te impide buscar posibles soluciones, tomar decisiones y actuar.

Por tanto, lo que vamos a aprender aquí es a ocuparnos en vez de preocuparnos. Aprenderás a adoptar una actitud activa dirigida a encontrar y aplicar posibles soluciones. Para ello, vamos a facilitarte una guía de resolución de problemas que puedes aplicar por pasos cada vez que te surja una preocupación actual resoluble.

Esta guía por pasos te va a facilitar la identificación de soluciones para los problemas que tengas en tu vida diaria y va a favorecer que pienses de forma diferente sobre situaciones de la vida. Es decir, te va a aportar una perspectiva más realista y menos catastrófica. Como ves son «casi» todo ventajas. No son «todo» ventajas porque la aplicación de esta estrategia de solución de problemas requiere mucho esfuerzo al principio, pues no es nada fácil aprender y convertir en un hábito una estrategia de este tipo. Es parecido a cuando aprendemos a conducir. Las primeras veces tenemos que estar atentos a ponernos el cinturón, a ajustar los retrovisores, a la velocidad del coche, a las señales de tráfico, a los pasos de peatones y muchos más estímulos. Hacerlo no es nada fácil, pero a medida que vamos practicando se van automatizando en una sola habilidad: conducir. Pues con el aprendizaje de la resolución de problemas pasa algo parecido: vamos a tener que estar atentos a nuestras preocupaciones, clasificarlas, definirlas y poner en marcha una u otra estrategia. Con la práctica, se automatiza y te prometemos que tu esfuerzo se verá recompensado con mucho menos sufrimiento en tu día a día, y con paz mental. ¿Hay mayor recompensa que esta? Vamos con la guía:

Paso 1. Identificar el problema.

Si has seguido a pies juntillas este capítulo, este paso ya casi lo tienes hecho. Empecemos definiendo qué es un problema. Un problema es una situación desagradable que se nos presenta y que requiere soluciones. Sabemos que tener problemas es normal, todas las personas los tienen. Y, aunque la definición de problema incluye una solución, esto no quiere decir que sea mágica; a veces simplemente se trata de mejorar el problema o aliviar el malestar emocional que este nos produce. Una vez detectada una preocupación e identificada como un problema se puede pasar al siguiente paso. Por ejemplo, Carla, una chica con la que trabajamos esta guía, se preocupaba mucho y le producía ansiedad ver su habitación sucia, con huellas dactilares en el espejo, polvo en los muebles, ropa sin doblar encima de la cama y pelos por todos lados. Cada vez que teletrabajaba se distraía mientras veía todo esto y le producía ansiedad. Se preocupaba y pensaba de ella misma que era un desastre, pero seguía posponiendo el limpiarla (recuerda que la posposición de una actividad es aquí una estrategia de seguridad, uno de nuestros cuatro jinetes).

Las emociones negativas que te genera un problema pueden ayudarte a identificarlo. Pregúntate lo que sientes ante una determinada situación y si la respuesta es que te sientes mal, te enfada, te pone triste, te asusta, te confunde, te genera ansiedad, etc., lo más probable es que estés ante un problema.

Paso 2. Detección y formulación del problema.

En este paso vas a intentar buscar toda la información posible en relación con el problema que tienes. Para ello debes describir el problema en términos claros, concretos, precisos y lo más objetivos posible respondiendo a las siguientes preguntas: ¿quién está implicado?, ¿qué sucede o qué no sucede que molesta?, ¿con qué frecuencia, duración y/o intensidad sucede?, ¿dónde sucede?, ¿cuándo sucede?, ¿en qué circunstancias sucede?, ¿qué factores contribuyen a que siga sucediendo?, ¿cómo se responde? (¿qué se hace?, ¿qué se piensa?, ¿qué se siente?), ¿qué consecuencias se derivan?, ¿cómo reaccionan los otros? Y una vez definido el problema vas a plantear soluciones que sean realistas y posibles de alcanzar.

Siguiendo con el ejemplo, podemos decir que en la limpieza de la habitación solo Carla estaba implicada, que la suciedad la distraía del trabajo que tenía que hacer, le solía pasar cada día y la preocupación duraba horas mientras ella se machacaba diciéndose a sí misma que era un desastre y que nunca hacía nada de lo que se proponía (por ejemplo, limpiar la habitación una vez a la semana), por lo que se sentía triste, ansiosa y enfadada con ella misma. Hasta que conseguía distraerse con otra cosa y seguir con su trabajo.

Paso 3. *Brainstorming* o propuesta de alternativas.

En este paso vas a generar el mayor número posible de soluciones alternativas. Lo importante en este punto es la cantidad y no la calidad de las mismas. Apuntarás, sin juzgar, todas las que te vengan a la cabeza. Ahora no es el momento de valorarlas. Algunas de las que se le ocurrieron a Carla fueron: contratar a una chica de la limpieza, hacer una rutina con un horario de limpieza, tirar muebles para tener que limpiar menos y poner una cesta en la que meter la ropa que no doblaba, tener productos de limpieza en la habitación y simplemente cuando apareciera la preocupación, hacerse cargo de ella (por ejemplo, ver la huella dactilar en el espejo e ir a limpiarla con el limpiacristales).

Paso 4. Valoración de alternativas. Ventajas y desventajas.

Ahora vamos a juzgar las alternativas. De la lista que hiciste en el paso 3 vas a eliminar aquellas que conllevan consecuencias negativas inaceptables (como, por ejemplo, tirar los muebles) y aquellas que no sean factibles por falta de habilidades, recursos u otros obstáculos (por ejemplo, contratar a una chica de la limpieza por falta de recursos económicos).

Con las alternativas que nos quedan vamos a anticipar posibles consecuencias que es probable que lleguen a ocurrir. Anota tanto las consecuencias positivas que crees que pueden suceder como las negativas. Tanto las consecuencias positivas como las negativas pueden ser de tipo personal (por ejemplo, eficacia esperada de la solución; tiempo y esfuerzo requeridos; efectos en el bienestar emocional, físico, psicológico y económico; efectos en otras metas personales y valores, etc.) o de tipo social (efectos en el bienestar personal y social de otros, en los derechos de otros, en las relaciones interpersonales, en la reputación, estatus y prestigio de otros, etc.).

Una vez hecho esto, sumamos las consecuencias positivas y restamos las consecuencias negativas y elegimos aquella alternativa que tenga una puntuación global más alta.

Por ejemplo:

Alternativa 1

Hacer una rutina con un horario de limpieza

Consecuencias positivas:

- Me sentiría mejor.
- Ahorraría dinero.

– No me molestaría la suciedad de mi cuarto al trabajar.

Consecuencias negativas:
– A veces no podría cumplir con la rutina y me sentiría aún más frustrada.
– Tendría que renunciar a otras actividades para dedicarle tiempo a la limpieza.

Puntuación total: 1 PUNTO.

Alternativa 2
Tener productos de limpieza en la habitación y cuando aparezca la preocupación me hago cargo de ella

Consecuencias positivas:
– Me sentiría mejor.
– Ahorraría dinero.
– No me molestaría la suciedad de mi cuarto al trabajar.

Consecuencias negativas:

– Perder algunos minutos del trabajo al tener que limpiar (aunque ya lo perdía preocupándome).

Puntuación total: 2 PUNTOS.

Paso 5. Toma de decisiones. Llevar a cabo el plan.

En este paso, ponemos a prueba la solución que mayor puntuación tenga. En el ejemplo, sería la «alternativa 2». Aquí es importante que hagas una evaluación objetiva de la puesta en marcha de la solución y de los resultados. Si los resultados son positivos y la preocupación desaparece, mantenemos esa alternativa. En el caso de que los resultados no sean los esperados, deberás volver a algún paso anterior para aplicar otra solución.

Para practicar, puedes comenzar por alguna de las que hayas apuntado en el registro que has llevado mientras leías este capítulo y seleccionar una de esas preocupaciones.

¿Y si me cuesta tomar decisiones?

Puede ser que te cueste tomar decisiones, tal vez porque te fijes normas demasiado elevadas o estrictas, tengas miedo a equivocarte en tu elección o porque necesites demasiada seguridad a la hora de decidirte. Si es tu caso y tiendes a posponer o aplazar la toma de decisiones, te recomendamos:

- Ponerte un plazo máximo para decidir. Cuando llegue el día que te has fijado, debes elegir una opción obligatoriamente. Y si eres incapaz, puedes echar a suerte las soluciones alternativas entre las que estés dudando.
- Una vez tomada la decisión, pon en práctica la solución elegida y valora los resultados. ¡No vuelvas atrás!

Recuerda que es muy importante que poco a poco vayas dejando atrás a esos cuatro jinetes que mantienen tu problema de ansiedad. Nos referimos a todo aquello que haces o dejas de hacer con el fin de prevenir o minimizar tu ansiedad o el peligro que anticipas. Y, en el caso de las preocupaciones excesivas, esto puede incluir: hablar o llamar a personas cercanas para comprobar que todo está bien, buscar en hospitales a ver si tus hijos están en alguno, llegar a una cita mucho antes de la hora acordada, ir al médico a verificar que ese dolor que tienes no es grave o no ir nunca al médico, quedarte en el trabajo más allá de tu horario hasta que esté todo perfecto, revisar muchas veces que las tareas que has hecho están bien, no ver determinados programas de televisión o determinadas noticias, posponer actividades por miedo a no hacerlas bien, no quedar con alguien, no dejar que tu hijo juegue o haga algo porque te preocupe su seguridad, etc.

Si has leído hasta aquí, sabes que los cuatro jinetes, aunque aparentan querer quitarte el malestar a corto plazo, lo único que hacen es mantener tus preocupaciones y tu ansiedad a largo plazo. No permitas que campen a sus anchas.

Te recomendamos que elabores una lista con todo lo que haces o dejas de hacer para no sentir ansiedad y, poco a poco, vayas eliminando estas conductas empezando siempre por aquellas que menos ansiedad te genere eliminar. No tienes que hacerlo de golpe; si eres como Eva, que llamaba cada hora a sus hijas para comprobar que realmente no les había pasado nada grave, puedes empezar llamándolas cada cinco horas. Puedes hacerlo poco a poco e ir ajustando esas conductas a la normalidad. Para ello, a Eva le dijimos que podía llamar a sus hijas si se retrasaban más de sesenta minutos de la hora que habían acordado para llegar a casa. Si te cuesta reconocer lo que es normal, puedes preguntar a algún familiar cercano.

Dejar de pagar una deuda que aún no tienes (y tal vez nunca tengas)

Las preocupaciones hipotéticas son aquellas preocupaciones que podrían pasar en el futuro. Existe una pequeña probabilidad de que algún día se den, pero no están pasando ahora y a lo mejor nunca ocurren; son las terribles desgracias que nunca sucedieron de las que hablaba Montaigne. También puede ser que se trate de situaciones de nuestra vida que no se puedan modificar. Es como pagar por adelantado una deuda que aún no hemos contraído y que a lo mejor nunca lleguemos a contraer.

Bajo las preocupaciones hipotéticas subyacen nuestros miedos más profundos, nuestros miedos nucleares. Los más comunes son el miedo a la soledad (quedarte absolutamente solo) y la muerte.

Como las preocupaciones hipotéticas no están ocurriendo en este momento, la única forma de dejar de sufrir por ellas es por medio de la exposición en imaginación sin estrategias defensivas (los cuatro jinetes). Te recordamos en este punto que es muy importante que lo hagas de forma repetida en cortos períodos de tiempo para que la habituación se produzca lo más rápidamente posible.

Es posible que te estés preguntando en este punto por qué sigues sintiendo ansiedad ante estas preocupaciones si las tienes continuamente en la cabeza. Te explicamos por qué, aunque con todo lo que ya sabes seguro que ya te lo imaginas. Cuando te vienen estos miedos lo que probablemente habías hecho hasta ahora es usar alguna de tus estrategias de evitación, seguridad, tranquilización o distracción y, si no es así, seguramente cambiarías a otra preocupación rápidamente dejando de pensar en la anterior. Con el empleo de este tipo de estrategias o al dejar de pensar en la preocupación sustituyéndola por otra o incluso porque simplemente cuando aparece intentas no pensar en ella no te estarías exponiendo realmente. Así que no se puede producir una habituación, no puedes dejar de sentir ansiedad ante ese pensamiento.

Además, no solo no te expones, sino que intentar no pensar en algo es incluso peor. Te invitamos a hacer una prueba. Te voy a pedir que cojas un papel y un boli y que cuando termines de leer las siguientes líneas cierres los ojos. Todavía no. Te avisamos. Imagina cualquier cosa que quieras excepto un elefante rosa o la palabra «elefante rosa». Durante este minuto vas a hacer una marca con el boli en el papel cada vez que te imagines esa palabra o ese elefante rosa. Ahora empieza el experimento. Cierra los ojos.

Pasado el minuto, mira en la hoja que tienes delante de ti: ¿cuántas marcas has hecho en el folio que antes estaba en blanco?, ¿cuántas veces pensaste ayer en un elefante rosa? Como ves, cuando intentamos no pensar en algo lo que pasa es que se piensa más en ello y también puede pasar que después de intentar suprimir ese pensamiento, este aparezca de forma inesperada en tu cabeza. Así, cuando intentas no tener una preocupación, lo que realmente pasa es que se instala y facilitas que aparezca con más frecuencia.

Anteriormente te hemos hablado de la exposición en imaginación, pero debido a la naturaleza particular de las preocupaciones hipotéticas nos gustaría dejarte una guía para la exposición en imaginación más concreta para que no quede lugar a dudas de cómo enfrentar este problema:

1. Recupera el registro que has estado llevando hasta ahora e identifica tus preocupaciones hipotéticas.
2. Ahora vamos a ver qué miedos profundos o nucleares subyacen a estas preocupaciones. Para ello puedes pre-

guntarte «si esta preocupación fuera cierta, ¿qué pasaría?, ¿qué significaría para mí?, ¿qué sería lo que me causaría más angustia?». Con la respuesta a esta pregunta, que puede ser X, vuelves a preguntarte lo mismo: «Si X fuera cierto, ¿qué pasaría?, ¿qué significaría para mí?, ¿qué sería lo que me causaría más angustia?». Sigue haciéndolo hasta que no tengas más respuestas. Esa última es tu miedo nuclear y a esta técnica se la conoce con el nombre de la «técnica de la flecha descendente».

3. Elabora o describe en un texto una imagen detallada de cada una de tus preocupaciones hipotéticas. En ella incluye la situación a la que le tienes miedo, las respuestas de ansiedad (lo que piensas, sientes y haces), las consecuencias que temes que ocurran (incluidas las peores) y el significado que le atribuyes. Tiene que ser algo creíble. Escríbelo en primera persona y no incluyas palabras que minimicen la situación como «a lo mejor no», «quizá» o «no es tan malo». La imagen no debería ocupar más de una página. Es probable que el simple hecho de hacer esta tarea te produzca ansiedad, así que tómate los descansos que necesites mientras elaboras la lista. Recuerda que esto no deja de ser una exposición en sí misma, que ya estás en el camino adecuado.
4. Ordena estas imágenes en función de la ansiedad que te produzcan. Puedes hacerlo de mayor a menor ansiedad o al revés. Puntúalas de 0 a 10 para que te sea más sencillo. Revisa varias veces la lista.
5. Para empezar, elige la imagen que menos ansiedad te produzca, puedes leerla o grabarla en audio con las pausas pertinentes para escucharla. Debes concentrarte con todo detalle en esa imagen, que debe incluir la peor de las consecuencias para ti.

6. Cuando estés leyendo o escuchando la imagen o situación que te has creado, debes mantenerla en la imaginación al menos durante treinta minutos y que dure el tiempo que necesites. Valora cada cinco minutos la ansiedad que tienes de 0-10 de forma similar a la exposición en vivo. La ansiedad irá subiendo a medida que se vaya desarrollando la exposición, entrará en un período de máxima expresión e irá bajando poco a poco a medida que pase el tiempo. Cuando la puntuación de la ansiedad sea la mitad o menos que la ansiedad más alta que hayas experimentado durante la exposición puedes dejar de evocar esta imagen. Vuelve a repetir la exposición tantas veces como sea necesario hasta que cuando la vuelvas a leer o a escuchar ya casi no te produzca ansiedad (menos de un 2). Cuando la hayas evocados dos veces con muy poca ansiedad puedes pasar a la siguiente imagen.
7. Recuerda no aplicar ninguna de las estrategias que antes utilizabas para minimizar o evitar la ansiedad, esto incluye la distracción y razonar contigo mismo durante la exposición. Mucho ojo con los jinetes.

Un ejemplo de este tipo de escenas que trabajamos en sesión puede ayudarte a entender mejor lo que te estamos recomendando. Sara, que se preocupaba por la salud de su madre, se empezó a exponer a esta situación con la imagen de una llamada de teléfono de su hermana y acabó visualizando a su madre en una cama de la UCI totalmente inconsciente en un estado crítico. Lo explica ella con estas palabras:

> Recibo una llamada en la que me confirman que mi madre está gravemente enferma. Al final le han detectado una enfermedad incurable. Voy a toda velocidad al hospital y allí hay muchos mé-

dicos y enfermeros. Mi madre está en la cama, conectada a una máquina y con varios tubos que la ayudan a respirar. No puede hablar y me mira con los ojos llorosos. Su cara está pálida. Los enfermeros le están cambiando el suero y le colocan una máscara de oxígeno. Hay un olor horrible a hospital. Me hacen esperar fuera. Siento cómo me tiembla todo el cuerpo y me cuesta respirar, tengo el corazón acelerado y parece como si se me fuera a salir por la boca. Me siento en una silla de la sala de espera. Al cabo de un rato que parece una eternidad aparece uno de los médicos que me dice: «Su madre está en un estado muy crítico...».

Puede pasar que elabores estas imágenes y cuando empieces a escucharlas en audio o las estés leyendo no te produzcan ansiedad. En ese caso, presta especial atención a que no se te haya escapado ningún jinete del Apocalipsis en el texto. Si no es ese el caso y las imágenes que te has elaborado no te generan ansiedad, pero sigues sufriendo por esas preocupaciones excesivas, te recomendamos que acudas a un profesional que pueda revisar contigo las exposiciones y ver qué es lo que está fallando de manera concreta.

PREOCUPACIONES EXCESIVAS EN TORNO A LA SALUD

Queremos hacer una especial mención a un tipo de preocupaciones que se da de forma habitual y son aquellas que tienen que ver con nuestra salud o con la salud de los demás. Cuando la preocupación excesiva y el miedo que se da a partir de la interpretación personal de síntomas que siente la persona en su cuerpo está dirigido a tener una enfermedad grave (o a creer que ya se padece), hablamos de ansiedad por la salud, lo que antiguamente se llamaba hipocondría.

La palabra «hipocondría» no se usa en clínica por su carácter peyorativo e inexacto, pero su historia es curiosa. Hipocondría proviene de la raíz griega *hypokhondrion*, palabra formada por el prefijo *hypo-*, 'debajo', y *khondros*, 'cartílago'. En la antigüedad se creía que determinadas partes del cuerpo albergaban de forma específica las emociones, como el hipocondrio, que era la sede de la melancolía. En el siglo XVII se identificaba con la «depresión» o los «espíritus inferiores». Así su significado fue variando hacia la definición de «aquel que cree estar siempre enfermo» en el siglo XIX.

En la ansiedad por la salud las preocupaciones sobre la enfermedad no diagnosticada no responden a la tranquilización médica apropiada, pruebas diagnósticas negativas o curso benigno. Los intentos del médico para tranquilizar y paliar los síntomas no alivian generalmente las preocupaciones de la persona que las padece e incluso pueden llegar a aumentarlas. Por otro lado, cuando se sufre este tipo de ansiedad es habitual tener conductas excesivas relacionadas con la salud, como, por ejemplo, comprobar repetidamente signos de enfermedad en su cuerpo, buscar en internet sobre lo que le preocupa e intentar tranquilizarse hablando con otras personas. También puede ser que evite determinadas situaciones que pueden llegar a ser perjudiciales, como no ir al médico o al hospital, visitar a familiares enfermos o evitar hacer ejercicio.

Era habitual que Sara visitara con frecuencia al médico de cabecera cuando su madre notaba un síntoma o empeoramiento de su salud. Algo que la tranquilizaba momentáneamente, pero que a largo plazo era fuente de mayor preocupación.

Si sufres ansiedad por la salud, probablemente hayas tenido experiencias previas relacionadas con la enfermedad. Tal vez hayas experimentado personalmente alguna enfermedad o alguien muy cercano a ti haya padecido algún problema de salud, quizá en algún momento hayas recibido atenciones médicas insatisfactorias o incluso erróneas. Estas experiencias vitales te pueden llevar a tener una serie de creencias no funcionales sobre la salud y la enfermedad, como, por ejemplo, pensar que los cambios corporales que experimentas son una señal de enfermedad; que si tienes algún dolor o molestia, es porque no estás sano; que si no vas al médico por algo que te notes, ya luego será demasiado tarde; que tu familia es propensa a padecer determinadas enfermedades; que si no te preocupas por tu salud, puede ir todo mal, o que la única forma de descartar una enfermedad es con pruebas diagnósticas específicas, entre otras.

Si es tu caso, todo ello te va a llevar inevitablemente a estar hipervigilante sobre tu propio cuerpo, te vas a convertir en un escáner automático que estará continuamente chequeando su propio cuerpo en busca de señales que puedan ser peligrosas. Lo que ocurre, normalmente, es que cuando hacemos esto notamos cosas en las que otras personas no repararían.

Los síntomas que más te preocupan pueden ser palpitaciones, bultos, zumbidos en el oído o pitidos «extraños», tener diarrea, dolor de cabeza, dolor de barriga, náuseas, ruidos intestinales, opresión en el pecho, mareo, picores, eczemas, manchas en la piel, sudoración, contracciones nerviosas, visión borrosa, debilidad muscular, temblores, sensación de falta de aire, entumecimiento, hormigueo, ráfagas de calor o escalofríos, boca seca, nudo en la garganta, dificultad para tragar, tos y hematomas (o moratones). Estos síntomas que pueden molestarte e incluso dolerte pueden ser el resultado de procesos corporales naturales o procesos benignos de tu cuerpo, pero si sufres ansiedad por la salud, es muy probable que directamente los atribuyas a que debes de sufrir una enfermedad.

Así, cuando aparecen señales a las que no estás acostumbrado o acostumbrada, y que tal vez empeoran, cuando ves o escuchas noticias relacionadas con la enfermedad, lees las pruebas que te entrega el médico o escuchas hablar de otras personas que enferman o fallecen, se activan tus creencias disfuncionales e interpretas tus síntomas corporales como signo inequívoco de que padeces una enfermedad («debo de tener cáncer» o, lo que más escuchamos últimamente, «seguro que tengo COVID»). Y es entonces cuando se desencadena la respuesta de lucha-huida que tanto hemos mencionado a lo largo de este libro y que, a su vez, hace que empeoren los síntomas que te hacen creer que padeces una enfermedad. Es decir, si tienes una ansiedad elevada, es probable que no duermas bien, por lo que al día siguiente puedes tener un mayor dolor de cabeza.

Seguramente será en este punto en el que muchas veces te has encontrado a ti mismo o a ti misma revisando y tocando partes de tu cuerpo que crees que no están bien: te tocas la barriga y el pecho, te tomas el pulso, te tocas algún bulto que te hayas encontrado, etc. Si lo haces de forma repetida, puedes llegar a dañar esta parte del cuerpo, lo que puede hacer que creas aún con más fuerza que no estás bien. Si por alguna razón no problemática tienes una ligera hinchazón en algún ganglio y no paras de tocártelo por miedo, lo más probable es que la constante manipulación lo inflame aún más y creas por tanto que estás empeorando cuando no es así. También es probable que evites ir al médico (porque crees saber lo que te van a decir o por miedo al diagnóstico) o, por el contrario, vayas repetidamente a especialistas distintos, con lo que es probable que te den información contradictoria y lejos de tranquilizarte te hagan preocuparte aún más. Tal vez hayas empezado a evitar actividades que crees peligrosas, como hacer ejercicio, comer una cantidad determinada o alimentos específicos. Incluso a lo mejor has dejado de leer o de escuchar noticias sobre enfermedades. Otras conductas que pueden formar parte de los cuatro jinetes del Apocalipsis son: tomar una aspirina diaria, tomar vitaminas o suplementos alimentarios, controlar la respiración, tragar a menudo y otras de las que seguro que ahora mismo te estás dando cuenta.

Para aprender a manejar la ansiedad por la salud puedes seguir la guía propuesta desde el principio de este capítulo. En resumen, la solución viene a ser exponerse a situaciones que generen este tipo de ansiedad y preocupaciones sin realizar ninguna de las conductas de tranquilización, seguridad, distracción o evitación, pero con una salvedad: hay que ir por lo menos a una revisión médica para descartar problemas médicos reales. Esto hace más largo el proceso terapéutico porque debemos ir adecuando estas conductas a lo que se considera «normal» (entendido como término estadístico, lo que la mayor parte de las personas hacen y no como término psicopatológico): una analítica anual, una revisión dental anual, si eres mujer, una revisión ginecológica anual, etc.

Si has conseguido llegar hasta aquí y estás trabajando en esta guía, te damos nuestra más sincera enhorabuena. Aprender a gestionar nuestras preocupaciones y manejar la ansiedad que nos generan no es fácil. No desistas, no te rindas ante las recaídas. A veces, nos habituamos a nuestros miedos y vuelven con el tiempo. Si esto te pasa, exponte de nuevo lo antes posible. Y no olvides utilizar la guía de resolución de problemas cada vez que vuelva a generarte malestar una preocupación actual resoluble. Si aun así sigues sufriendo ansiedad y preocupaciones recurrentes, no dudes en acudir a algún profesional de la salud mental.

IDEAS CLAVE DE ESTE CAPÍTULO

- Las preocupaciones son una cadena de pensamientos sobre un peligro o desgracias futuras, en la que existe una incertidumbre sobre los resultados.
- Las preocupaciones excesivas tienen que ver con multitud de temas diferentes, como la salud propia o de los seres queridos, el bienestar de amigos y familia, el trabajo o los estudios, la situación económica y/o cualquier otra preocupación de la vida cotidiana.
- Las preocupaciones excesivas se diferencian de las preocupaciones normales en que estamos hipervigilantes sobre nuestro entorno continuamente y que nos resulta muy difícil controlarlas. Además, nos provocan un malestar muy acusado que interfiere con nuestra vida cotidiana.
- Lo primero que debemos hacer para empezar a superar nuestro problema de ansiedad generalizada es aprender a diferenciar entre los distintos tipos de preocupaciones que tenemos (preocupaciones actuales resolubles o preocupaciones hipotéticas) para posteriormente aprender y saber qué estrategia aplicar en función de qué preocupación me esté haciendo sufrir.

Capítulo

9

ANSIEDAD, DUDA, OBSESIÓN Y COMPULSIÓN:

el trastorno obsesivo-compulsivo

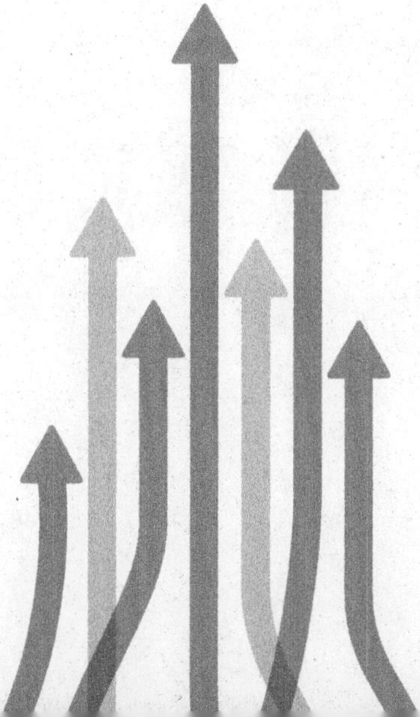

«Tengo miedo de quién soy o lo que pueda llegar a hacer. Tengo pensamientos horribles desde que soy pequeño. Cada vez son peores. Tengo miedo de clavar un cuchillo a mi madre cuando estamos cocinando. Voy conduciendo y pienso que he podido atropellar a alguien, por lo que tengo que volver para cerciorarme que no ha sido así. Salir de casa me cuesta una barbaridad porque tengo que comprobar que absolutamente todo está apagado y cerrado. No puedo vivir así.»

Miguel

Miguel es un chico de veintiocho años que llegó a Psicosalud porque presentaba obsesiones y compulsiones que interferían gravemente en su vida diaria. El motivo inicial de consulta era la presencia de un gran malestar asociado a una serie de pensamientos intrusivos que habían empezado cuando él era niño, que habían ido cambiando con el paso del tiempo y que en los últimos años eran cada vez más frecuentes. En algunos períodos, como en el momento en que acudió a consulta, estos pensamientos intrusivos eran incluso diarios, lo que le generaba una gran angustia. El fármaco antidepresivo que le había recetado el psiquiatra, el Citalopram, había mejorado un poco su estado de ánimo, pero no había hecho que las obsesiones remitieran. Su psiquiatra le había aconsejado que acudiera a nuestro centro a recibir tratamiento psicológico.

Miguel nos contaba en su primera sesión lo difícil que era para él llevar una vida «normal». Vivía con su madre, con la que mantenía una muy buena relación. Para él, salir de casa cuando su madre se había ido antes que él a trabajar o hacer cualquier cosa era una odisea porque debía comprobar repetidamente que la placa de la vitrocerámica no estaba encendida, que había apagado todas las luces de la casa, que todas las ventanas y todos los grifos estaban debidamente cerrados y que la puerta de la entrada estaba bien cerrada cuando él abandonaba la casa. Ya no podía estar solo con su madre cuando había cuchillos cerca y, por supuesto, no podía estar con ella en la cocina cuando esta estaba cocinando. Tampoco podía estar cerca de cuchillos en presencia de su perro. Cuando salía con su coche y se le pasaba por la cabeza la posibilidad de haber atropellado a alguien volvía atrás para comprobar que no había coches de policía, ni ambulancias ni sangre en la carretera. Aun sabiendo que esos pensamientos eran irracionales y «no tenían sentido», comprobarlo era la única manera que había encontrado de aliviar ese malestar y ansiedad que sentía cuando le venían a la cabeza. Además, estaba obsesionado con el número 8, por lo que no podía dejar de leer un libro en esa página, ni en ninguna que fuera múltiplo de 8 (ni en la 8, ni en la 16, ni en la 24, etc.). Tampoco podía irse a dormir a ninguna hora en la que el reloj marcara esos números. Tenía miedo de que, si lo hacía, pudiera pasarle algo malo a sus seres queridos o a él mismo. Además, en los últimos meses había desarrollado una nueva obsesión: miedo atroz a que se le escapara alguna obscenidad dirigida a la actual pareja de su madre o a alguna otra persona que lo atendiera en alguna tienda, por ejemplo.

Últimamente los consejos de su psiquiatra (que le había recomendado hacer deporte), las compulsiones que tenía (todo aquello que hacía para reducir o eliminar la ansiedad que le generaban las obsesiones) y la medicación que estaba tomando (que había mejorado un poco su ánimo y la apatía que sentía) lograban hacer que saliera de casa.

La ansiedad y el malestar que presentaba Miguel eran consecuencia de estas obsesiones que tenía. Las más graves eran las referidas a hacer daño a sus seres queridos o a sí mismo. Mantenía muy buena relación con su madre, que solía tranquilizarlo y razonaba con él cada vez que se le disparaba la ansiedad en casa y él le contaba lo que le estaba pensando.

LA PERSONALIDAD COMO CALDO DE CULTIVO

En nuestra experiencia profesional a lo largo de los años hemos ido identificando perfiles de personalidad que son más proclives al desarrollo de determinados problemas psicológicos o emocionales.

Definimos la personalidad como una compleja tendencia de respuesta. Es la tendencia que tenemos a comportarnos de manera estable, congruente y consistente a lo largo del tiempo en diferentes situaciones de la vida. Solemos pensar que es inamovible, que tenemos una personalidad que nos define y punto, pero como muchas otras cosas en psicología una cosa es lo que se piensa y otra lo que realmente es.

La palabra «personalidad» proviene del latín *prosopón*, que se traduce como 'máscara'. Esas máscaras que a día de hoy se siguen simbolizando en el teatro con una cara sonriente y otra triste, esas máscaras que utilizaban los actores en la Antigüedad para que el público identificara mejor la expresión y que contaban con una resonancia adecuada para amplificar la voz de los mismos en tiempos donde no existían los micrófonos.

Prosopón traducido, además de 'máscara', como 'persona' o 'personalidad', era algo que te quitabas y te ponías dependiendo del momento e interacción. No era algo estable, era algo que cambiaba. Con el paso de los años se empezó a dar atributos de inamovilidad al término, pero esto no responde a su verdadera naturaleza o ¿crees que tienes la misma personalidad ahora que cuando tenías quince años? Por supuesto que no.

Así que llegados a este punto podemos preguntarnos si podemos cambiar la personalidad de alguien. En principio la respuesta rápida sería que sí, pero realmente cambiar la personalidad de alguien va a depender de la tendencia de comportamiento o respuesta que queramos cambiar. La dificultad estará en el tiempo que lleven esos comportamientos realizándose, en el número de situaciones y contextos en los que se desarrollen y en la intensidad de la respuesta emocional asociada a ellos. Pero, en realidad, podemos cambiar cualquier cosa de nuestro comportamiento si se dan tres aspectos fundamentales:

- Conciencia de cambio, saber de forma concreta lo que quiero cambiar.
- Voluntad de cambio o compromiso con el mismo sabiendo que los beneficios que voy a recibir a largo plazo compensarán los esfuerzos que tengo que realizar a corto plazo.
- Competencias para el cambio. Tener los recursos, estrategias, habilidades o herramientas necesarias para el cambio.

Teniendo estos tres aspectos claros podemos hacer frente a un posible cambio de nuestra personalidad, aunque esta lleve muchos años teniendo una forma determinada. Es cierto que la personalidad se forja con los años, a golpe de experiencias, vivencias y aprendizajes en cada momento de tu vida, en un flujo dinámico y sutilmente cambiante que nunca cesa. Hay momentos más críticos del desarrollo humano en los que la personalidad se puede forjar de una forma u otra, como en el caso de Miguel, cuyo padre falleció cuando él solo tenía tres años y su madre le contaba que era un señor tímido, con manías extrañas y muy introvertido. Su madre, al fallecer su marido, empezó a desarrollar un estilo educativo sobreprotector con Miguel en el que le había inculcado una responsabilidad y un perfeccionismo elevado. Miguel nunca suspendió una asignatura en el colegio, en el instituto ni en la universidad. Y se graduó con matrícula de honor.

Y aquí debemos de detenernos un momento porque es importante aclarar que existe un perfil especialmente vulnerable al desarrollo del trastorno obsesivo compulsivo. Se trata de personas con una elevada sensibilidad a la ansiedad, a sus sensaciones o manifestaciones corporales, emocionales o cognitivas y con un elevado sentido de la responsabilidad o la justicia. Igualmente suelen ser personas con tendencia al perfeccionismo, la firme creencia de que es fundamental hacer las cosas muy bien, sin cometer ningún tipo de error, prácticamente perfectas, y que las decisiones que se tengan que tomar no pueden conducir a ninguna pérdida o ningún error. Y, por último, suelen presentar una escrupulosidad elevada entendida como esa mezcla entre tendencia al perfeccionismo, la excesiva atención a la norma y, en general, a ser cuidadoso y meticuloso con casi todo, muy preciso y minucioso en lo que hace, inflexible y justo. Todo ello aderezado con una sensación de fondo de culpa si no consiguen llegar a los estándares marcados por ellas mismas.

Miguel tenía todas las características de personalidad para que tarde o temprano, en ausencia de las habilidades, recursos o competencias necesarias, pueda desarrollar un problema de ansiedad, en concreto, un trastorno obseso compulsivo. Un problema psicológico y emocional en el que las obsesiones provocan una ansiedad intolerable que la persona tiende a reducir o eliminar mediante las compulsiones. Estas obsesiones se disparaban en múltiples situaciones, entre las que se encontraban estar cerca de algún cuchillo en presencia de su madre o de su perro, conducir o algo relacionado con el número 8.

Este tipo de situaciones disparaban las obsesiones por la influencia también de estas características personales que hemos comentado y algunas creencias que tenía, como la responsabilidad exagerada («Si estoy cerca de un cuchillo en presencia de mi madre pensando en hacer daño a mi madre, es tan malo como si realmente lo hiciera»), el control absoluto sobre los pensamientos («No debería tener este tipo de pensamientos», «Si no los controlo, soy débil»), sobreestimación de la importancia de lo que uno piensa («Si estoy pensando esto, es porque debo de querer que ocurra», «Al pensarlo aumento las probabilidades de que ocurra»), una baja tolerancia a la incertidumbre («Si compruebo repetidamente todo antes de salir de casa, estaré seguro de que nadie puede entrar en casa y de que no se quemará») y perfeccionismo («Siempre hay una respuesta perfecta para todo»).

Aunque, por una parte, Miguel sabía que sus pensamientos eran totalmente irracionales, por otra parte pensaba que si no realizaba las compulsiones, algo terrible podía suceder. Por lo que al ser sus obsesiones una fuente constante de malestar y ansiedad, cada vez que le venía alguna a la cabeza debía suprimirla, realizar alguna compulsión o razonar con él mismo o con su madre. En algunas ocasiones en las que no podía hacer nada de esto, intentaba distraerse. Por lo que Miguel seguía comprobando al salir de casa que todo estaba en perfecto orden, y que no había atropellado a nadie cuando conducía (si no podía volver atrás, no dejaba de mirar por el retrovisor) y seguía evitando todo aquello que tuviera que ver con el número 8 (no dejar de leer un libro en esa página, no dormirse ni despertarse a una hora que marcara ese número ni su suma, etc.).

Por todo ello, Miguel había dejado de hacer ciertas actividades de las que antes disfrutaba, como, por ejemplo, salir con los amigos, puesto que eso suponía un gran esfuerzo para él. Estaba de baja laboral y le costaba quedarse dormido, no podía concentrarse, estaba continuamente irritable, con tensión muscular y bajo estado de ánimo.

A partir de todo lo que nos contaba Miguel, llegamos a la conclusión de que sufría trastorno obsesivo-compulsivo (TOC).

LA DUDA PATOLÓGICA. EL TRASTORNO OBSESIVO-COMPULSIVO

En más de una ocasión, a todos nos ha resultado imposible «sacarnos» una canción de la cabeza. El ritmo del tema o la letra nos viene de manera «invasiva» y no lo podemos controlar o eliminar por más que queramos. Si te paras a pensar, todos los días en algún momento tenemos pensamientos que parecen «venir de la nada». Dichos pensamientos pueden aparecer en forma de imagen o idea, pero no les prestamos demasiada atención y les restamos valor.

Algo similar les ocurre a las personas que sufren obsesiones, con la gran diferencia de que sus pensamientos se tornan repetitivos y les provocan mucha ansiedad y un malestar emocional acusado que interfiere en el desempeño diario de sus actividades. Además tienen que realizar algunas conductas de manera repetitiva porque se sienten «obligados a realizarlas» para disminuir ese malestar, algo que se conoce como compulsiones.

Una cosa que no se comenta de forma directa en los manuales diagnósticos al uso en psicología clínica, y que desde nuestra experiencia es clave para entender este problema, es la duda. A la persona que sufre el trastorno obsesivo-compulsivo le atenaza la duda continua y persistente sobre lo que hace, piensa o siente, una duda patológica, irracional e infundada que la obliga a comprobar una y otra vez sus actos, que le merma el concepto que tiene de sí misma y su autoestima, que la desdibuja hacia una visión de sí misma mucho más frágil y vulnerable. La duda patológica es una parte fundamental y en nuestra opinión algo olvidada de este problema. Pero centrémonos en las obsesiones y las compulsiones, que son los dos grandes componentes del trastorno obsesivo-compulsivo.

¿Cómo identificamos una obsesión?

Entendemos por obsesiones aquellos pensamientos, imágenes o impulsos recurrentes y persistentes que son experimentados, al menos en algún momento, como intrusos (que vienen sin más) e inapropiados (egodistónicos, que van en contra de los propios valores de la persona) y que causan ansiedad o malestar acusado. La persona intenta, por ello, ignorar o suprimir estos pensamientos, impulsos o imágenes, o neutralizarlos con algún otro pensamiento o acto.

El contenido de las obsesiones puede ser de distinta naturaleza, pero las más frecuentes suelen ser:

- Dudas repetidas y comprobación: asegurarse de cerrar el gas, la puerta principal, las ventanas, los grifos de agua, dar la vuelta con el coche para comprobar que no se ha atropellado a alguien, etc.
- Contaminación: todo lo que tenga que ver con creer que es posible infectarse o enfermar tocando ciertas superficies o sustancias o dando la mano.
- Orden/simetría: a la persona le genera un gran malestar estar ante cosas que considera que están desordenadas o colocadas de forma asimétrica.
- Impulsos de hacerse daño a sí mismo o causar daño a otro: todo lo que tenga que ver con hacer daño o matar a un ser querido, como pareja, padres, hijos o incluso animales de compañía.

- Imágenes sexuales: obsesionarse con escenas de características sexuales o pornográficas.
- Acumulación: la obsesión de acumular objetos por temor a necesitarlos luego y no poseerlos.
- Contenido moral o religioso: pensamientos intrusivos que se puedan considerar amorales o blasfemos si es una persona religiosa y que generan el temor de ser castigados.

Las obsesiones no son, como hemos comentado en el capítulo anterior, simplemente preocupaciones excesivas sobre problemas cotidianos o de la vida real (por ejemplo, laborales, académicos, sociales o económicos) y, de hecho, no suelen estar relacionadas con problemas de este tipo. A diferencia de las obsesiones, las preocupaciones tienen que ver con problemas de la vida cotidiana, son egosintónicas, más fáciles de aceptar y de soportar y menos intrusas; además, la persona puede creer que preocuparse reduce la posibilidad de que ocurra lo que teme. Las rumiaciones depresivas tampoco son obsesiones; las primeras son ideas pesimistas sobre uno mismo o una misma y el mundo y, a diferencia de las obsesiones, no se hacen intentos para ignorarlas o suprimirlas, ya que son consideradas egosintónicas y poco intrusas.

Y las compulsiones ¿qué son?

La persona que sufre este tipo de pensamientos obsesivos intenta pasarlos por alto o suprimirlos o bien neutralizarlos con algún otro pensamiento o acción, es decir, con alguna compulsión.

Las compulsiones son conductas externas o públicas (aquellas que cualquier persona externa al sujeto que las hace puede observar, como lavarse las manos, ordenar o comprobar) o conductas internas o privadas comúnmente llamadas actos mentales (aquellas cuyo único observador es la persona que las hace, como rezar, contar, repetir palabras o pensamientos en silencio, repasar mentalmente acciones previas o formar contraimágenes) de carácter repetitivo y que la persona se siente impulsada a realizar en respuesta a una obsesión o de acuerdo con reglas que deben ser aplicadas rígidamente. Podríamos decir que las compulsiones son todo aquello que una persona hace para reducir o eliminar la ansiedad o el malestar que una obsesión le provoca.

El objetivo de una compulsión no es la obtención de placer, sino que se lleva a cabo para prevenir o reducir el malestar que se siente ante la aparición de la obsesión. Pero también puede llevarse a cabo para prevenir algún acontecimiento o situación que provoca miedo. Por ejemplo, en Miguel eran las continuas comprobaciones de que no había atropellado a nadie, de dejar todos los fuegos y las luces apagadas en su casa y razonar con su madre acerca de sus obsesiones para que le tranquilizara diciendo que él nunca sería capaz, por ejemplo, de matarla. Estas compulsiones son excesivas, puesto que interfieren claramente en la vida diaria o no están conectadas de forma realista con aquello que se pretende neutralizar o prevenir.

Además de las obsesiones y compulsiones, las personas que sufren TOC también evitan situaciones que puedan provocar la aparición de las obsesiones.

Continuando con nuestro protagonista, así cerraba Miguel su círculo del TOC:

¿POR QUÉ SUFRO OBSESIONES?

Al igual que hemos explicado en anteriores capítulos, también el trastorno obsesivo-compulsivo tiene un origen multifactorial. Podemos tener una mayor predisposición a sufrirlo por una serie de factores biológicos, psicológicos y sociales y llegar a desarrollarlo (o no) ante situaciones vitales estresantes.

De forma específica, además de los factores generales comentados en capítulos anteriores, en el desarrollo del TOC influyen estilos educativos, como hemos visto en el caso de Miguel, en los que se les da una excesiva importancia a la responsabilidad, al perfeccionismo, en los que se tienen normas muy rígidas además de la sobreprotección durante la infancia. Por otro lado, también puede influir haber tenido padres hipercontroladores y poco cariñosos, al igual que haber tenido modelos adultos que padecieran también este tipo de problema. Otro factor importante que puede influir es haber crecido con una formación religiosa, espiritual o ideológica en la que se considera que es tan malo pensar en algo como hacerlo (como si pudiéramos controlar lo que pensamos), que nos enseña que

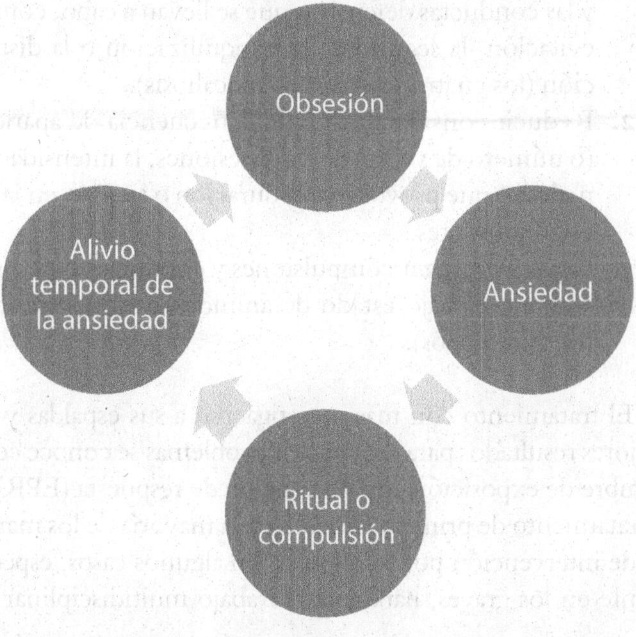

las cosas o están bien o están mal de forma rígida (no hay escala de grises), fomentando sentimientos de culpa.

Además, el maltrato en la infancia y el abuso sexual son eventos traumáticos que pueden aumentar la probabilidad de desarrollar este problema psicológico que afecta a más de una cuarta parte de la población en algún momento de sus vidas.

¿CÓMO PUEDO AFRONTAR Y DEJAR DE SUFRIR UN TRASTORNO OBSESIVO-COMPULSIVO?

Cuando Miguel llegó a Psicosalud e hicimos las primeras sesiones de evaluación de su caso concreto establecimos con él los objetivos generales terapéuticos en este tipo de problemas:

1. Tener una explicación profunda y completa de lo que son las obsesiones, cuál es el papel de las compulsiones y las conductas defensivas que se llevan a cabo, como la evitación, la seguridad, la tranquilización o la distracción (los cuatro jinetes del Apocalipsis).
2. Reducir considerablemente la frecuencia de aparición (o número de veces) de las obsesiones, la intensidad del malestar que provocan y la duración o tiempo en la que están presentes.
3. Dejar de realizar compulsiones y conductas defensivas.
4. Mejorar el bajo estado de ánimo (no es necesario en todos los casos).

El tratamiento con más investigación a sus espaldas y con mejores resultados para este tipo de problemas se conoce con el nombre de exposición con prevención de respuesta (EPR). Es el tratamiento de primera elección en la mayoría de los manuales de intervención por su eficacia. En algunos casos, especialmente en los graves, hará falta el trabajo multidisciplinar con un psiquiatra para que este establezca el tratamiento farmacológico.

Como ya vas conociendo la dinámica del tratamiento de los problemas de ansiedad, lo más probable es que hayas anticipado correctamente que la EPR consiste sobre todo en la exposición en imaginación o de forma real a aquello que nos genera ansiedad o malestar (las obsesiones) a la vez que prevenimos la respuesta habitual, que es la compulsión ante la obsesión, es decir, dejamos de hacer las compulsiones que hasta ahora nos tranquilizaban momentáneamente. El tiempo en el cual tenemos que prevenir la respuesta o bloquear la compulsión es igual que en el resto de las exposiciones a otras facetas de la ansiedad, hasta que la ansiedad disminuya a la mitad o menos (del 1 al 10 por ejemplo) de la ansiedad más alta generada a lo largo de la exposición (o hasta un mínimo de una hora tras empezar la exposición).

Por tanto, llegados a este punto hay dos cosas importantes que debemos hacer para trabajar sobre ello. En primer lugar, elaborar una lista de aquellas situaciones que nos generen obsesiones y otra lista de nuestras compulsiones. Si son muchas, las podemos organizar por categorías como las que describimos anteriormente en función de su contenido: dudas repetidas y comprobación, de contaminación, relacionadas con el orden o la simetría, impulsos de hacerse daño a sí mismo o causar daño a otro, imágenes sexuales, relacionadas con la acumulación o de contenido moral o religioso.

Y, en segundo lugar, enumerar las compulsiones asociadas a cada una de esas situaciones, tanto las privadas o internas (aquellas que ocurren en nuestra cabeza) como las públicas o manifiestas (aquellas que los demás pueden ver), así como las conductas de evitación. Para ayudarte a identificarlas, puedes llevar un registro como el siguiente, muy similar al usado en el capítulo anterior con las preocupaciones.

Día/hora	Situación	¿Qué pienso?	¿Qué siento? (0-10)	¿Qué hago?

En el caso de Miguel, la lista de situaciones que disparan las obsesiones quedó así:

1. Estar cerca de algún cuchillo en presencia de su madre o de su perro (Categoría: obsesiones de hacerse daño a sí mismo o a los demás).

   Conductas de evitación: no cocinar si su madre o su perro estaban en la cocina y no utilizar utensilios (tampoco tijeras) cerca de ellos.

2. Ver alguna película o serie de asesinatos (Categoría: obsesiones de hacerse daño a sí mismo o a los demás).

   Conductas de evitación: Evitaba verlas directamente.

3. Conducir (Categoría: obsesiones de hacerse daño a sí mismo o a los demás).

   Compulsiones públicas: volver a comprobar que no había ambulancias ni manchas de sangre en donde podría pensar que ha atropellado a alguien.

Compulsiones privadas: razonar consigo mismo sobre la propia obsesión «si hubiera atropellado a alguien, me habría dado cuenta, habría un coche de policía siguiéndome, etc.».

4. Leer un libro o poner la alarma del despertador (Categoría: otras obsesiones de tipo supersticioso: «si acabo de leer el libro en la página número 8, va a pasar algo grave»).

   Conducta de evitación: no poner la alarma ni dejar un libro en ninguna página que tuviera el número 8 o fuera múltiplo del mismo. Durante largas temporadas incluso había dejado de leer, algo que en el pasado le apasionaba.

5. Salir de casa el último (Categoría: obsesiones de comprobación).

   Compulsión pública: comprobar repetidas veces todos los fuegos, luces, enchufes, puertas y ventanas antes de salir de casa.

   Compulsión privada: repasar mentalmente todas las acciones realizadas antes de cerrar la última puerta de su casa para comprobar que no había cometido ningún error.

6. Salir a comer con su madre y su actual pareja, visitar alguna tienda (Categoría: impulsos agresivos u horrendos).

   Conducta de evitación: intentar no ir.

   Compulsión privada: comprobar continuamente en función de las expresiones no verbales de su madre, pareja o dependiente que no había dicho nada que no fuera oportuno.

Para empezar a hacer tus exposiciones con prevención de respuesta, al igual que hizo Miguel con su lista, te invitamos a que repases todo el procedimiento que describimos con detalle en el capítulo 4 de este libro. Sería interesante que antes de proceder con las exposiciones releyeras muy bien el capítulo para recordar cómo se hacen adecuadamente las exposiciones y aclararte posibles dudas que puedan surgir. La exposición con prevención de respuesta es la forma técnica con la que se abordan las exposiciones en este tipo de problemas y responde a los mismos principios que ya sabes de capítulos anteriores.

Es importante que lleves un registro de las exposiciones que haces para tener una medida objetiva que te permita saber cuándo puedes pasar a exponerte a otra situación u obsesión distinta. A continuación te dejamos un ejemplo de este tipo de registro de exposiciones:

Exposición	Ansiedad antes (0-10)	Ansiedad durante (0-10)	Ansiedad después (0-10)

En la primera casilla registra de forma breve la situación relacionada con la obsesión a la que vas a exponerte. A continuación completa la segunda casilla, que sería la ansiedad anticipatoria o la ansiedad que sientes antes de exponerte a dicha obsesión. Luego puntúa la ansiedad máxima que has tenido durante la exposición y, por último, la ansiedad con la que has finalizado la exposición. Si una situación te genera mucha ansiedad, puedes hacer primero una exposición en imaginación. En el caso de Miguel, por ejemplo, trabajamos la obsesión de hacer daño a su madre con un cuchillo primero en imaginación.

Ejemplo de exposición en imaginación: «Estoy en mi cuarto y empiezo a sentir ansiedad. Voy al cuarto de mi madre y le digo "me está pasando". Mi madre me dice que me acueste con ella. Ella habla conmigo de otras cosas y me dice que se va a dormir y apaga la luz. Está oscuro, no tengo nada con que distraerme y me empieza a dar más ansiedad. Siento la respiración acelerada, el corazón me va más rápido y la mente no me para y no dejo de imaginarme cosas feas. El ventilador suena. Ella está durmiendo plácidamente, de espaldas a mí y yo al contrario. Pero en ese momento me doy la vuelta, la miro y empiezo a pensar en la posibilidad de matarla. Pienso en ahorcarla y dejarla sin aire. También en la posibilidad de coger un cuchillo y matarla. Lo cojo y se lo clavo. La empiezo a acuchillar y el corazón me palpita, me falta el aire. Ella intenta pararme, pero no puede. Tiene poca fuerza y es más débil que yo. Me vuelvo loco y la rabia se apodera de mí. Y le clavo el cuchillo más y más fuerte. Cuando termino de matarla la descuartizo. El cuarto sigue a oscuras, pero veo la sangre. Cojo el cadáver y lo enrollo en las sábanas verdes de la cama. Envuelvo el cuerpo de mi madre en ellas y lo meto en el maletero del coche».

Una vez que Miguel se habituó a esta escena pudimos pasar a practicar en vivo. Para ello, le pedimos a Miguel que cocinara con su madre y acercara el cuchillo a su barriga. Evidentemente, contamos con la colaboración de la madre, que sabía por qué se iba a realizar este tipo de ejercicio, ya que se lo comentamos en sesión y conocía la importancia de que se hiciera. Así fuimos procediendo poco a poco dentro de la lista para vencer las obsesiones. Así es como tienes que ir abordando tu propia jerarquía. Puede ser difícil, en algunos momentos la ansiedad puede sobrepasarte, pero no te preocupes, vuelve a tu lista y elige una situación u obsesión que te genere menos malestar y exponte. Es mejor avanzar despacio, poco a poco y de manera firme.

Una breve nota con respecto a las obsesiones de comprobación. Cuando tengamos obsesiones de este tipo lo ideal es retirar las compulsiones dirigidas a comprobar con la intención de tener un número de comprobaciones considerada «normal». Es decir, revisar una vez la vitrocerámica por si nos hemos descuidado y hemos dejado una sartén al fuego es algo normal, incluso deseable, así como revisar una vez si hemos cerrado adecuadamente la puerta de casa o del coche. Lo que debemos evitar es volver a comprobarlo una segunda vez porque eso dará paso a la duda, que no se detendrá y exigirá una tercera, cuarta y quinta vez. Y con el paso del tiempo iremos incrementando el número de veces de la comprobación.

Piensa que al ir trabajando las exposiciones iremos recuperando nuestra vida de forma gradual; al no dedicar tanto tiempo y recursos a las compulsiones podremos reconducirlo a lo que verdaderamente nos importa. Igualmente sería ideal que mientras hacemos ese trabajo incorporemos en nuestras rutinas actividades agradables que nos ayudarán a mejorar nuestro estado de ánimo. Para ello, podrás ver una explicación más concreta en el último capítulo de este libro.

IDEAS CLAVE DE ESTE CAPÍTULO

- Las obsesiones son pensamientos, imágenes o impulsos recurrentes y persistentes que son experimentados como intrusos y causan ansiedad o malestar acusado. Por ello se intenta ignorar o suprimir estos pensamientos, impulsos o imágenes, o neutralizarlos con algún otro pensamiento o acto.
- La única forma actualmente reconocida para dejar de sufrir un trastorno obsesivo-compulsivo es la exposición con prevención de respuesta.

Capítulo

10

EL ESTRÉS:

parecido, pero distinto de la ansiedad

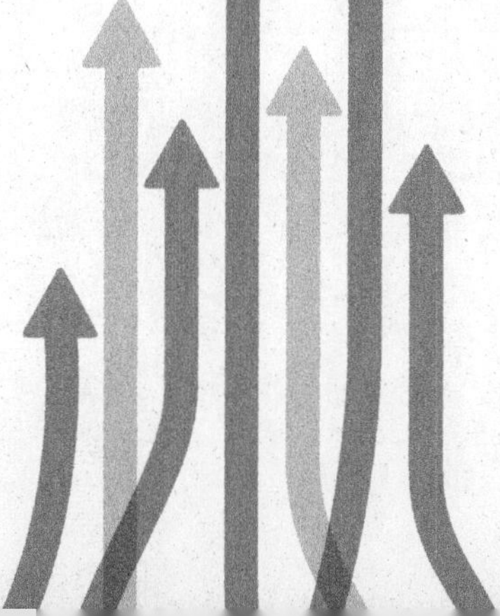

Oímos continuas referencias al estrés en conversaciones cotidianas, lo escuchamos en las tertulias de televisión, en los programas de radio, en los podcast, en los periódicos y en internet. Esto demuestra, por una parte, su omnipresencia en esta sociedad capitalista y del rendimiento, y, por otra parte, que el conocimiento que tenemos actualmente sobre el estrés resulta bastante difuso y heterogéneo, posiblemente debido a que este abuso del término solo ha contribuido a crear una notable confusión. Curiosamente el estrés es un concepto muy fácil de experimentar, pero resulta muy difícil de definir. Por eso no se tiene una definición unitaria y en su lugar existe una amalgama de acepciones, con connotaciones distintas y significados dispares dependiendo de a quién le preguntes. Para una mujer de negocios, por ejemplo, el estrés puede ser algún tipo de frustración o tensión emocional; para el trabajador que tiene a su cargo puede suponer una cantidad excesiva de trabajo en su jornada; el controlador aéreo experimenta el estrés como un problema de concentración; para el bioquímico y el endocrinólogo es un fenómeno puramente químico, sin embargo, para el atleta profesional supone una tensión muscular o sobrecarga. Entonces, ¿cuál de ellos tiene razón? ¿Es esfuerzo, sobrecarga, es falta de concentración, fatiga, dolor, quizá miedo, humillación por la censura, o incluso un suceso inesperado?

Lo que está claro es que cuando hablamos de estrés, solemos pensar que es algo malo. Sin embargo, lo que poca gente sabe es que sin él no estaríamos vivos. El estrés constituye una parte esencial de nuestras vidas, es el resultado inevitable de la interacción entre nosotros y el ambiente que nos rodea. Necesitamos el estrés para poder adaptarnos a los cambios constantes que se producen en nuestra vida.

El estrés podría definirse como la respuesta fisiológica, psicológica y conductual que desarrolla un individuo ante cualquier cambio del ambiente, para adaptarse eficazmente a él. Según Antonio Cano Vindel, presidente de la Sociedad Española del Estudio de la Ansiedad y el Estrés (SEAS), es un proceso en el que se producen una serie de cambios a lo largo del tiempo que se inicia ante una situación que nos demanda una serie de recursos que no tenemos.

Este proceso de activación psicofisiológica en un principio es natural y saludable, ya que nos ayuda a activarnos ante tareas que requieren mayor atención, esfuerzo, rapidez, etc., preparando a nuestro organismo para hacer frente a la nueva situación y para lo que acontezca. Gracias a él podemos percibir mejor los cambios, decidir qué conductas son las más adecuadas y llevarlas a cabo de la forma más rápida posible.

Se trata, pues, de una reacción adaptativa de nuestro organismo y de nuestra mente al cambio. Los científicos denominan a este tipo de estrés, eustrés o estrés positivo. Cuando la situación se ha solucionado cesa la respuesta de estrés y el organismo vuelve a su equilibrio, es un estrés puntual.

El problema ocurre cuando esta activación perdura mucho en el tiempo. Entonces la persona puede tener una serie de síntomas negativos que definen lo que entendemos coloquialmente como estrés (distrés o estrés negativo).

¿Es lo mismo estrés que ansiedad?

Normalmente ansiedad y estrés se usan como sinónimos, pero como hemos visto el estrés es un proceso que incluye una serie de respuestas de nuestro organismo y la ansiedad (emoción desagradable que surge ante una posible amenaza) es una de ellas, posiblemente la más frecuente, pero desde luego no es la única. Hay personas que ante una situación estresante sufren otras reacciones emocionales. Algunas se muestran eufóricas, irritables o se bloquean; otras piden ayuda; otras se derrumban y lloran desconsoladamente. El estrés, sobre todo prolongado en el tiempo, suele estar más asociado al cansancio y al agotamiento que la ansiedad.

¿EL ESTRÉS AFECTA A TODOS POR IGUAL?

No. El estrés es algo subjetivo y personal. Comienza cuando percibimos una situación, una persona o un suceso como algo estresante, y esta percepción será distinta en función de las personas que la experimentan. Incluso la misma persona puede, en momentos diferentes, percibir de distinta manera los mismos sucesos y reaccionar ante ellos de varias formas, ya que la respuesta al estrés suele depender de tres pilares básicos:

- La situación que vivamos.
- La interpretación que hacemos de la situación.
- Los recursos y las habilidades de que disponemos para enfrentarnos a ella.

¿CUÁLES SON LAS SITUACIONES ESTRESANTES?

Cuando hablamos de situaciones estresantes, la mayoría de las personas piensan inmediatamente en situaciones negativas. Sin embargo, practicar un deporte de riesgo, ver una película de miedo o tener un hijo suelen provocar importantes respuestas de estrés, aunque probablemente no consideremos estos sucesos como negativos.

En contra de lo que se pueda pensar, las situaciones positivas también pueden ser estresantes. Imagina por un momento que ganas el Gordo en la lotería de Navidad. Esto, aunque extremadamente deseable, no deja de ser un giro importante en la vida de cualquiera. ¿Y quién no se ha estresado cuando se va de vacaciones? Cualquiera de estas situaciones (buenas o malas) exige al organismo una respuesta de adaptación al cambio y, en consecuencia, generar los recursos necesarios para enfrentar las situaciones.

En general, podemos decir que provoca estrés todo aquello que implique:

- El cambio o la novedad de la situación, simplemente que suceda algo nuevo.
- La falta de predictibilidad de la situación. El hecho de saber que «algo» nos va a pasar, pero no cuándo, hace que este «algo» sea especialmente estresante para nosotros.
- La incertidumbre acerca de lo que puede suceder. Por ejemplo, esperar a alguien que se retrasa sin saber qué le ha podido ocurrir o ansiedad en una empresa donde se ha comunicado que van a hacer un ERE que va a afectar a cinco mil personas y no saber si estamos o no en la lista.
- Sensación de descontrol. Situaciones en las que la persona no sabe qué hacer, o que sobrepasan en gran medida los recursos con los que cuenta.

- La amenaza a nuestra personalidad. En el ejemplo laboral, el despido no solo implica la pérdida del trabajo para muchas personas, sino también la pérdida de parte de nuestra identidad.

El estrés será más importante cuantas más de estas características estén presentes y/o cuanto más intensas sean las mismas.

En resumen, el estrés es la respuesta global (fisiológica, psicológica y conductual) que desarrolla un individuo ante cualquier cambio del ambiente (bueno o malo), para adaptarse eficazmente a él. Existen unas características básicas del entorno que provocan estrés (novedad, predictibilidad, incertidumbre, controlabilidad y amenaza) que tenemos que tener en cuenta. Pero ¿qué situaciones de nuestra vida disparan la respuesta de estrés?, ¿en qué consiste y cómo nos afecta?, ¿cómo podemos gestionar adecuadamente esta respuesta para no sufrir por ella?

¿QUÉ ENTENDEMOS POR ESTRESORES?

Las situaciones estresantes —o estresores— junto con la interpretación que hacemos de dichas situaciones y los recursos de los que disponemos para enfrentarnos a ellas son variables que median en la respuesta de estrés. Los estresores se pueden dividir en tres grandes grupos en función de la intensidad de la respuesta que provocan, de la frecuencia de aparición del estresor en nuestro día a día y la duración del mismo cuando aparece:

1. Sucesos vitales intensos y extraordinarios: este tipo de situaciones son las menos frecuentes en nuestra vida. Suelen ser eventos estresantes de gran intensidad emocional, pero de corta duración. Son puntuales y exigen a nuestro organismo un trabajo de adaptación muy

intenso que conlleva importantes respuestas de estrés. Ejemplos típicos suelen ser casarse o separarse de la pareja, comenzar un nuevo empleo, ser despedido del trabajo, perder a una persona que queríamos, sufrir un infarto o una enfermedad terminal, tener un accidente de tráfico, ser víctima de abuso, sufrir un terremoto devastador, etc.

2. Sucesos diarios estresantes de menor intensidad: este tipo de estresores se caracterizan por su alta frecuencia. Son situaciones que pueden repetirse muchas veces a lo largo de nuestro día a día, pero, sin embargo, suelen experimentarse con menor intensidad y su duración es variable. Debido precisamente a que los sufrimos de forma más continuada y durante más tiempo, estos estresores suelen tener efectos más negativos a nivel psicológico y fisiológico que los anteriores. Los podemos dividir según el área que afecten en nuestra vida. Así, por ejemplo, tenemos sucesos diarios estresantes:
   - De tipo laboral: como pueden ser los conflictos con los compañeros, la toma de decisiones en el trabajo, la inseguridad o la incertidumbre en el empleo, problemas económicos o el mismo ambiente físico laboral (ruidos molestos, calor o poca ventilación), etc.
   - De tipo relacional: entre ellos podemos destacar los conflictos interpersonales con familiares o amigos, discusiones con la pareja, problemas con los vecinos, pero también nos puede resultar estresante y desmoralizador la falta de reconocimiento de los demás ante nuestros esfuerzos, las dificultades de comunicación, etc.
   - De salud: puede ser frecuente que a una persona le resulte estresante encontrarse sin fuerzas o sufrir un dolor continuo (de dientes o de cabeza) o padecer una enfermedad crónica.

- Otros: en este grupo englobamos situaciones que por su variabilidad y cotidianidad pueden suponer una fuente de estrés. Como, por ejemplo, los atascos, las colas, etc. ¿Quién no ha sufrido estrés cuando se encuentra en una de estas situaciones? Y también se incluyen situaciones que, debido a la siempre presente subjetividad, pueden resultar muy estresantes para unos, pero no para otros, como pueden ser las dificultades que puede tener una pareja para tener un hijo o que haga mal tiempo cuando se esperaban días de sol.

3. Situaciones de tensión crónica mantenida: a nivel clínico este tipo de situaciones son las más perjudiciales para la persona que las sufre, ya que generan una fuerte respuesta de gran intensidad y su presencia es constante. Suelen ser episodios prolongados de nuestra vida que se ven mantenidos por la presencia de una situación estresante duradera. Algunos ejemplos pueden ser cuando una persona sufre malos tratos en el ámbito doméstico, el estrés que sufre el cuidador de un enfermo con demencia, la situación en la que se encuentra un inmigrante sin papeles, un mal ambiente laboral o *mobbing*, *burnout* o síndrome de estar quemado por el trabajo, estar en situación de desempleo durante meses y sin expectativas de mejora, la situación de crisis global, mantener una mala relación de pareja en el tiempo, conflictos bélicos, etc.

Como afirma Sonia Lupien, fundadora del Centre of Studies on Human Stress, «el estrés es un mal de nuestro tiempo, pero también una reacción necesaria frente a los retos y problemas de nuestra vida cotidiana».

¿Te has fijado en que los titulares de periódicos están cargados de información amenazante? Recortes en salud, prima de riesgo disparada, endeudamiento, número de desempleados, etc. Estamos rodeados de información que nuestro cerebro puede interpretar e interpreta como cambios con características amenazantes que nos llevan a sufrir respuestas. Pero, como hemos visto anteriormente, el estrés agudo, puntual, es una respuesta natural y necesaria para la supervivencia, una reacción del organismo ante una situación que la persona valora como amenazante. Recordemos que todo lo nuevo, impredecible, descontrolado o que suponga un peligro para nuestra personalidad es susceptible de desencadenar una respuesta que nos ayude a soportar estas situaciones exigentes.

El problema viene cuando la situación se cronifica, como en los casos de tensión mantenida, o cuando no disponemos de las herramientas adecuadas para hacerle frente. Aquí el estrés se vuelve desadaptativo para el organismo (distrés) produciendo respuestas negativas para la persona, como, por ejemplo, el aumento de ciertas hormonas en el torrente sanguíneo que afectan a nuestro sistema nervioso y desequilibran el organismo.

¿QUÉ OCURRE EN NUESTRO CUERPO CUANDO NOS ESTRESAMOS?

El estudio científico del estrés se fundamenta en una aproximación multidisciplinar. Esto implica el trabajo conjunto de equipos formados por profesionales de distintas disciplinas, como médicos, endocrinólogos, fisiólogos, psicólogos, neurólogos, etc. Ello nos permite abarcar de manera más amplia el fenómeno y delimitar una serie de señales o síntomas que lo delatan.

Sabemos que la respuesta de estrés es subjetiva y personal, depende de cómo percibamos la situación de estrés (incluso cuando se piensa en algo potencialmente estresante) y de nuestra capacidad de hacerle frente. Es un proceso complejo que se compone de diversos niveles (fisiológico, psicológico, emocional y conductual). Intentaremos exponerlo de la manera más sencilla posible.

En primer lugar, cuando se nos presenta una situación potencialmente estresante se produce la evaluación y toma de conciencia de la misma. La examinamos y evaluamos sus características (por ejemplo, grado de predictibilidad, incertidumbre, controlabilidad o amenaza), que determinarán la intensidad de nuestra respuesta de estrés.

Una vez valorada la necesidad de actuar, de adaptarnos a este nuevo entorno, nuestro cuerpo activa el hipotálamo, una glándula endocrina de origen ancestral situada en lo más profundo de nuestro cerebro, cuya función principal es la expresión fisiológica de la emoción. Es el hipotálamo el que da el pistoletazo de salida a la respuesta del estrés.

Este «disparo nervioso» viaja a través de fibras que pasan por nuestra médula espinal. De esta forma, el hipotálamo se comunica con las glándulas suprarrenales situadas en nuestros riñones, que son las encargadas de regular químicamente la respuesta de estrés a través de la secreción de distintos tipos de hormonas (corticosteroides y catecolaminas).

La adrenalina es una de ellas (junto con la noradrenalina o la dopamina), una catecolamina que, bajo la respuesta del estrés, se vuelca al torrente sanguíneo unas mil veces por encima de los valores normales. De esta manera comienzan a circular las hormonas en nuestra sangre y su efecto en el organismo se extiende más allá del sistema nervioso. Prepara a nuestro cuerpo para enfrentarse a la situación, por ejemplo, liberando glucosa de las reservas de nuestro hígado para su consumo rápido porque ¡necesitamos energía!, ¿quién sabe qué puede pasar?

Estas hormonas tienen distintos efectos, según dónde actúen. Así, a nivel cerebral la noradrenalina y la dopamina regulan nuestra conducta afectiva y emocional (orquestada por nuestro antiquísimo sistema límbico, la filogenia nos dice que lo hemos heredado de nuestros antepasados más lejanos). Y a nivel periférico, es decir, fuera del sistema nervioso, producen efectos cardiovasculares y metabólicos sobre la coagulación de la sangre y sobre los órganos digestivos, los riñones, los ojos y el aparato genital, entre otros.

Vemos cómo una percepción del entorno puede tener como consecuencia una reacción químicamente intensa en nuestro organismo, una prueba más en contra del dualismo cartesiano que separaba erróneamente la mente del cuerpo. Sin duda, ambos están invariablemente unidos.

Esta secreción de sustancias, y la activación psicofisiológica consecuente, tienen y han tenido para nuestro organismo un valor de supervivencia importante. La respuesta del estrés es, en esencia, la misma cuando sufrimos ansiedad y tiene una serie de correlatos que, si no interpretamos correctamente, pueden derivar en trastornos de índole psicológica (generalmente trastornos de ansiedad, como crisis de angustia o pánico, ansiedad generalizada, ansiedad por la salud o hipocondría, etc.).

Este proceso es totalmente normal y saludable, está relacionado con el eustrés o estrés positivo del que hablamos al principio del capítulo. Suele ser puntual y tiene una serie de efectos que todos hemos experimentado en alguna medida a lo largo de nuestra vida, tales como el aumento de la presión arterial, así como un aumento de la frecuencia cardíaca y de la cantidad de sangre bombeada. ¿Para qué? Pues para que la sangre fluya más rápido por todo el organismo y nuestros músculos estén bien irrigados y nutridos para utilizarlos en caso de emergencia.

Igualmente se produce un aumento del aporte sanguíneo a nuestro cerebro que ayuda a mejorar estados de concentración y alerta ante los estímulos. Así como la liberación de opiáceos endógenos (endorfinas y encefalinas), que nos ayudan a disminuir la percepción de dolor. Como vemos, nuestro organismo es muy efectivo, nos prepara para cualquier cosa, más de 30.000 años de evolución y adaptación de nuestros antepasados a entornos cambiantes y amenazantes lo avalan.

¿QUÉ OCURRE SI LA SITUACIÓN ESTRESANTE SE PROLONGA MUCHO?

Pues parece que la naturaleza no nos diseñó para esto. En este caso estaríamos hablando de un tipo de estrés desadaptativo, un estrés negativo o distrés, desgraciadamente el tipo de estrés más frecuente en la actualidad y al que todo el mundo hace referencia cuando dice encontrarse estresado. Sobreviene cuando la situación de estrés se prolonga y nuestro organismo no puede mantener la respuesta de estrés solo con adrenalina y noradrenalina, debido a la naturaleza efímera de las mismas (su efecto dura apenas unos segundos o minutos). Entonces recurre a otra sustancia, una hormona de más lenta absorción que es capaz de mantener la activación que necesitamos durante más tiempo. Así, aparte del hipotálamo se activa otra glándula endocrina, la hipófisis, para ayudarla en esta tarea y se pone en marcha lo que se conoce como el eje hipotalámico-hipofisario (HHP).

El resultado es que se secreta cortisol (conocido comúnmente como la hormona del estrés) al torrente sanguíneo. Sus efectos son beneficiosos para el organismo, actúa como antiinflamatorio, reparador de células dañadas y generador de energía extra. Sin embargo, todo tiene un coste y aquí es donde viene el problema. Se ha comprobado que niveles continuos de cortisol en sangre debido a los estresores crónicos en nuestra vida diaria tienen unos efectos perjudiciales para la salud. Como, por ejemplo, debilitan notablemente las defensas inmunitarias del organismo haciéndonos más vulnerables a agentes patógenos del entorno y a determinadas enfermedades. En los siguientes apartados analizaremos las consecuencias negativas del estrés en la salud.

En resumen, el estrés provoca una respuesta en nuestro organismo en distintos niveles que lo que busca es movilizarnos a la acción, a la resolución del problema o amenaza que ha surgido en nuestro camino, predisponiéndonos a luchar o huir. No hay nada malo en ello. El problema surge cuando estos estresores son continuos, intensos y frecuentes en nuestro día a día, lo que provoca un tipo de respuesta que, sin buscar el perjuicio de nuestro organismo, puede provocarnos problemas de salud física y psicológica si no ponemos en marcha las estrategias, las técnicas y las herramientas necesarias para hacerle frente. En el próximo capítulo explicaremos estrategias generales que te pueden ayudar en el manejo del estrés, y algunas específicas que tal vez puedas aplicar en tu caso concreto en función de las fuentes de estrés, como, por ejemplo, aprender a decir no, aprender a organizar el tiempo o aprender a manejar la baja frustración.

IDEAS CLAVE DE ESTE CAPÍTULO

- El estrés es necesario: es la respuesta fisiológica, psicológica y conductual que desarrolla un individuo ante cualquier cambio del ambiente, para adaptarse eficazmente a él.
- Cuando el estrés es positivo somos capaces de responder de forma satisfactoria y sin sufrir a la demanda que cualquier cambio nos plantee. Pero cuando no tenemos recursos o estrategias para responder a esta demanda sufrimos estrés negativo (o distrés).
- Podemos aprender estrategias para minimizar el impacto del estrés negativo.

Capítulo

11

ESTRATEGIAS PARA GESTIONAR Y REDUCIR LA ANSIEDAD

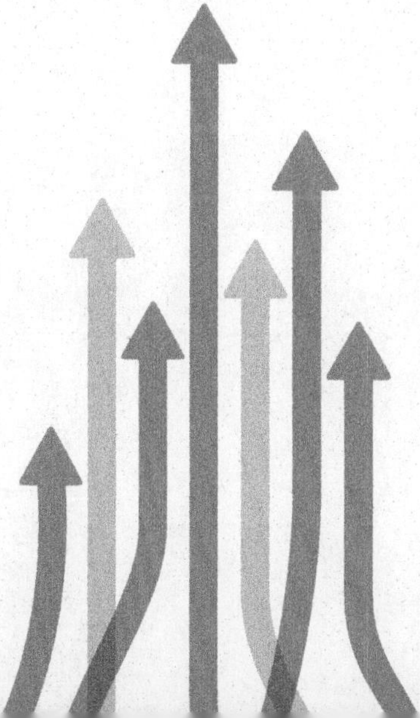

Como habrás podido leer a lo largo de este libro, la ansiedad incluye una amplia variedad de problemas que requieren de estrategias específicas para aprender a gestionarlos, reducirlos y dejar de sufrir por ellos. Sin embargo, también existen una serie de estrategias generales que hemos querido dejar para el final del libro porque probablemente ya las sepas si alguna vez has buscado en internet algo parecido a «cómo dejar de sufrir por la ansiedad». ¿Conoces ese dicho de que el papel lo aguanta todo? Pues imagínate internet. Queremos asegurarnos de que, a pesar de hayas podido buscar anteriormente este tipo de estrategias, recibas una información fiable y fidedigna de las mimas. Pero, ¡ojo!, no son menos importantes por encontrarse al final del libro. En realidad, son estrategias que todas las personas deberíamos incorporar a nuestro repertorio suframos o no ansiedad con el objetivo de cuidar nuestra salud psicológica y prevenir otro tipo de problemas. Son la base de la pirámide del bienestar psicológico.

PRACTICA TÉCNICAS DE RELAJACIÓN

Las estrategias de relajación son procedimientos que se pueden aprender y nos ayudan a reducir la activación fisiológica que podemos tener a lo largo del día.

Nosotros en esta guía proponemos el aprendizaje de dos tipos de estrategias de relajación: la respiración controlada diafragmática y la relajación muscular progresiva de Jacobson. Pero existen muchas más, como la respiración profunda o la relajación diferencial, entre otras. En función del perfil de respuesta fisiológica de ansiedad que tengamos, es decir, los síntomas más predominantes que sintamos, elegiremos una u otra técnica de relajación. Te recomendamos que elijas la técnica de respiración controlada diafragmática propuesta si tu respuesta de lucha-huida se caracteriza por síntomas de carácter más respiratorio, como sensación de falta de aire, presión en el pecho, sensación de ahogo o visión borrosa. En cambio, utiliza la técnica de relajación muscular-progresiva si tienes síntomas más relacionados con la tensión o la rigidez muscular, dolor de espalda y cuello, dolor de cabeza o parestesias u hormigueos.

Es importante recordar que nunca se deben utilizar como un jinete del Apocalipsis, es decir, no podemos transformar una estrategia de relajación en una conducta defensiva de tranquilización o seguridad cuando hacemos las exposiciones explicadas en este libro, ya que eso podría producir el efecto totalmente contrario: mantener la ansiedad que se sufre a largo plazo, aunque se alivie en el momento. Si has leído esta guía, ya sabes que si utilizas estas técnicas mientras te expones a alguna situación ansiógena, realmente no estarías haciendo una exposición.

Las estrategias de relajación solo deberían utilizarse en caso de que el salto de una situación de nuestra propia jerarquía de exposición a otra situación de la misma no pudiera graduarse de otra manera que utilizando una estrategia de este tipo. Es decir, una vez que hemos conseguido que una situación no nos provoque esa respuesta de ansiedad, pero la siguiente de nuestra lista a la que nos tenemos que enfrentar nos provoca una ansiedad que nos es imposible afrontar en ese momento. Entonces podríamos hacer una exposición utilizando este tipo de técnicas, lo que nos ayudaría en un primer momento a reducir la ansiedad y a exponernos a la siguiente situación de la jerarquía, pero luego deberíamos retirar estas conductas para exponernos sin utilizar las técnicas de relajación y/o respiración.

Vamos a aprender cómo se hacen.

La respiración diafragmática o natural completa

Piensa en una persona que está discutiendo con otra, y siente rabia e ira. ¿Cuáles serían las características de su respiración?, ¿su ritmo respiratorio será rápido o lento?, ¿superficial o profundo? Ahora imagínate a una persona que está asustada. Si te fijas en su respiración, verás que es muy similar a la anterior. ¿Y una persona triste? Al contrario que la de las otras dos personas, su respiración será suave y profunda. Como ves, nuestra respiración es un reflejo de nuestras emociones y puede influir tanto en la regulación de las mismas como en el estado de ánimo; eso es algo que sabemos desde hace mucho tiempo. Si te fijas, verás que la mayoría de las meditaciones orientales de cualquier tipo se inician con la regulación de la respiración para obtener sus beneficios.

La técnica consiste en aprender a respirar de un modo lento: 8 o 12 respiraciones por minuto (normalmente respiramos entre 12 y 16 veces por minuto), no demasiado profundo y empleando el diafragma en vez de respirar solo con el pecho.

¿Por qué nos ayuda respirar de este modo?

a. **Lenta y regular:** todos hemos observado que cuando una persona duerme o está a punto de hacerlo respira de forma más lenta y regular de lo normal. Esto facilita que desciendan las constantes vitales: el ritmo cardíaco, la tensión sanguínea, la tensión muscular, etc. Por tanto, cuando estamos nerviosos, conviene respirar más lentamente.
b. **Diafragmática:** muchas veces, cuando respiramos llevamos el aire solo hasta la zona media de los pulmones y la sangre se oxigena poco. Respiramos de forma superfi-

cial, de tal manera que el aire presiona las costillas y el pecho se mueve. Es más aconsejable intentar llevar el aire hasta la parte inferior de los pulmones para oxigenar la sangre de forma adecuada. Cuando hacemos esto, el diafragma se contrae, presiona el abdomen y este se eleva.

c. **No demasiado profunda:** es importante coger una cantidad de oxígeno suficiente para que nuestro cuerpo tenga la energía necesaria, pero tampoco conviene hiperventilar. Recuerda que la hiperventilación producía síntomas muy desagradables que podían provocar la respuesta de ansiedad.

Diferencias entre la respiración torácica y respiración diafragmática

Torácica	Diafragmática
Puedes ver cómo se expande la caja torácica seguida por una elevación de las clavículas en la inspiración. Es más superficial. Solo se utiliza la parte superior de los pulmones. Requiere mayor esfuerzo muscular. Requiere incrementar el ritmo respiratorio para aportar el oxígeno necesario. Está relacionada con (y puede estimular) una respuesta simpática.	Puedes ver cómo se expande hacia fuera de la cavidad abdominal. Es más profunda. Se utiliza toda la capacidad pulmonar, incluyendo el tercio inferior, donde hay mayor número de vasos sanguíneos por los que incorporar el oxígeno al cuerpo. Requiere un esfuerzo muscular mínimo. Requiere respirar un menor número de veces para aportar el oxígeno necesario. Está relacionada con (y puede estimular) una respuesta parasimpática.

Obtenido de Vázquez, María Isabel (2001). *Técnicas de relajación y respiración*. Madrid: Síntesis.

A continuación te dejamos una pequeña guía para que aprendas a practicar este tipo de relajación:

1. Siéntate cómodamente, cierra los ojos y coloca una mano sobre el abdomen, con el dedo meñique justo encima del ombligo y respira normalmente. Fíjate en el lugar del cuerpo que sube y baja cada vez que inspiras o espiras. De esta manera te darás cuenta de tu forma natural de respirar. Es importante que sepas que la técnica que vas a aprender a continuación es algo innato en el ser humano, es decir, que es una capacidad con la que nacemos. Piensa en un bebé que está durmiendo, ¿qué parte del cuerpo se infla y desinfla? Eso es, el estómago. Pues bien, esta habilidad la desaprendemos con el tiempo debido al ritmo de vida que llevamos y a la sociedad en la que vivimos. Las personas que están agitadas o nerviosas, como comentamos anteriormente tienden a hacer respiraciones cortas y superficiales que solo alcanzan las partes altas del tórax. Como ves, el abdomen debe elevarse con cada inspiración, al meter aire empujo el abdomen hacia fuera, sacando barriga. Al espirar, el abdomen vuelve a su posición original, y mientras suelto el aire voy metiendo barriga. Para que te sea más fácil realizar la respiración abdominal, debes intentar llevar el aire hasta la parte más baja de los pulmones. También puede serte de ayuda intentar presionar el «cinturón» con el abdomen al inspirar o empujar hacia arriba la mano que tienes encima del abdomen. Recuerda que se trata de llevar el aire hasta la zona final de los pulmones, no de coger mucha cantidad de aire. Si no puedes respirar diafragmáticamente en posición sentado, puedes comenzar por una posición reclinada o tumbada boca

arriba. Te puede ayudar colocar un libro sobre el abdomen y comprobar que sube y baja, es una señal objetiva de que lo estás haciendo bien.

2. Si puedes, inspira por la nariz y espira por la boca. Si por la razón que fuera esto te resultara difícil, inspira y espira por el orificio que te sea más cómodo. Si inhalas por la boca, no la abras demasiado.
3. Dependiendo de tu capacidad pulmonar y utilizando el diafragma, inspira durante tres o cuatro segundos, haz una breve pausa de un segundo aproximadamente, espira durante tres o cuatro segundos y vuelve a hacer una breve pausa ante de volver a inspirar. Para mantener el ritmo, puedes contar hasta 3 o 4 (inspiración), contar hasta 1 para la pausa, volver a contar hasta 3 o 4 (espiración), contar 1 para la pausa y volver a empezar. Es decir, inspira, haz una pausa, espira, haz una pausa y vuelta a empezar.

Lo ideal es que practiques al menos tres veces al día: una por la mañana, otra por la tarde y otra justo antes de dormirte mientras estás en la cama, pues es un fabuloso inductor del sueño. La práctica correcta de este ejercicio durante cinco minutos es suficiente para que notes los efectos beneficiosos de la respiración.

La relajación muscular progresiva de Jacobson

Está técnica de relajación desarrollada en la década de 1930 por Edmund Jacobson es una de las más conocidas. Se basa en el principio fisiológico de tensión-distensión, según el cual si tensamos un músculo durante unos segundos y a continuación dejamos de tensarlo, este estará más relajado que antes de empezar el ejercicio.

Al principio, el objetivo que se persigue con estos ejercicios no es tanto lograr la relajación muscular (si no lo logras las primeras veces, no te preocupes, es normal) como aprender a diferenciar los estados de tensión muscular de los estados de relajación. Normalmente no somos conscientes de qué partes de nuestro cuerpo están tensas de forma crónica, y es precisamente esa tensión crónica la que provoca la sensación de malestar. Es importante que sepas que para dominar esta técnica tendrás que practicarla en casa. Aprender a relajarse, como aprender a montar en bicicleta, es algo que nunca se olvida, así que valdrá el esfuerzo.

Para empezar a realizar la relajación lo ideal es que te asegures de estar en una posición muy cómoda, que nada te apriete, desabróchate el pantalón o la falda si hace falta.

Realiza los movimientos de tensión muscular de la forma más lenta y progresiva que puedas. Mantén la tensión entre cinco y siete segundos, intenta concentrar tu atención en las sensaciones de tensión muscular o pesadez que experimentas. Realiza los movimientos de relajación «dejando caer» la zona que has tensado previamente, mantén la relajación entre diez y quince segundos intentando concentrarte en las sensaciones.

Al finalizar la relajación, intenta levantarte despacio, moviendo los músculos que acabas de relajar y realizando una respiración profunda por la nariz y expulsando de forma brusca el aire por la boca.

Pautas para realizar una relajación muscular progresiva

1. Comienza haciendo una respiración diafragmática.
2. Aprieta ambos puños a la vez. Recuerda mantener la tensión de 5 a 7 segundos y concentrar la atención en las sensaciones de tensión. Suelta los puños y mantén esta relajación entre 10 y 15 segundos.

3. Estira los dedos (como para medir palmos) y levanta las manos. Recuerda mantener la tensión de 5 a 7 segundos y concentrar la atención en las sensaciones de tensión. Suelta ahora la tensión y mantén esta relajación entre 10 y 15 segundos.
4. Estira los brazos, dóblalos tensando los bíceps. Recuerda mantener la tensión de 5 a 7 segundos y concentrar la atención en las sensaciones de tensión. Deja caer los brazos y mantén esta relajación entre 10 y 15 segundos.
5. Sube los hombros hacia las orejas. Recuerda mantener la tensión de 5 a 7 segundos y concentrar la atención en las sensaciones de tensión. Deja caer los hombros y mantén esta relajación entre 10 y 15 segundos.
6. Abre los ojos y sube las cejas como si quisieras mirarte el pelo. Recuerda mantener la tensión de 5 a 7 segundos y concentrar la atención en las sensaciones de tensión. Cierra los ojos de nuevo, deja caer las cejas y mantén esta relajación entre 10 y 15 segundos.
7. Cierra los ojos y frunce el ceño. Recuerda mantener la tensión de 5 a 7 segundos y concentrar la atención en las sensaciones de tensión. Relaja la cara y mantén esta relajación entre 10 y 15 segundos.
8. Aprieta la lengua hacia el paladar y aprieta los dientes. Recuerda mantener la tensión de 5 a 7 segundos y concentrar la atención en las sensaciones de tensión. Relaja la boca, deja caer la lengua y mantén esta relajación entre 10 y 15 segundos.
9. Gira la cabeza hacia la derecha. Recuerda mantener la tensión de 5 a 7 segundos y concentrar la atención en las sensaciones de tensión. Vuelve la cabeza al centro y mantén esta relajación entre 10 y 15 segundos.

10. Gira la cabeza hacia la izquierda. Recuerda mantener la tensión de 5 a 7 segundos y concentrar la atención en las sensaciones de tensión. Vuelve la cabeza al centro y mantén esta relajación entre 10 y 15 segundos.
11. Reclina la cabeza hacia el tórax. Recuerda mantener la tensión de 5 a 7 segundos y concentrar la atención en las sensaciones de tensión. Vuelve la cabeza al centro y mantén esta relajación entre 10 y 15 segundos.
12. Realiza tres respiraciones lentamente.
13. Aprieta el estómago. Recuerda mantener la tensión de 5 a 7 segundos y concentrar la atención en las sensaciones de tensión. Relaja el estómago y mantén esta relajación entre 10 y 15 segundos.
14. Aprieta los muslos y las nalgas hacia dentro. Recuerda mantener la tensión de 5 a 7 segundos y concentrar la atención en las sensaciones de tensión. Relaja de nuevo y mantén esta relajación entre 10 y 15 segundos.
15. Dobla los pies hacia arriba y tensa los gemelos. Recuerda mantener la tensión de 5 a 7 segundos y concentrar la atención en las sensaciones de tensión. Deja caer los pies, relaja los gemelos y mantén esta relajación entre 10 y 15 segundos.
16. Realiza otra respiración diafragmática para acabar.

Si te resulta más cómodo, puedes grabar un audio con las instrucciones y seguirlas con los ojos cerrados. Si eliges esta opción, intenta que las instrucciones de tensión duren entre cinco y siete segundos, y las de distensión, unos diez o quince segundos. El entrenamiento en respiración controlada y relajación muscular progresiva es un aprendizaje como otro cualquiera, por ejemplo, conducir, aprender un idioma o utilizar algún programa específico de ordenador. Para aprenderlo hay que practicar mucho y hacerlo siguiendo una serie de pasos. Así, al principio es preferible practicarlo en situaciones fáciles (por ejemplo, en la cama antes de dormir) y luego utilizar estas técnicas en situaciones más complejas (por ejemplo, en plena discusión o diferencia de opiniones con mi jefe).

CUIDA LA CALIDAD DE TU SUEÑO

Seguro que a más de una persona le encantaría no tener que dormir cada día, sin embargo, resulta que durante el sueño se producen un conjunto de cambios fisiológicos, hormonales y metabólicos que son imprescindibles para nuestro equilibrio físico y mental. Piensa que nuestro cuerpo puede descansar en cualquier momento, pero nuestro cerebro solo lo hace cuando dormimos, aunque como veremos, en ocasiones dormir no es sinónimo de descansar.

Se ha establecido que podemos hablar de un sueño normal cuando se duerme entre siete u ocho horas, cuando se tarda menos de treinta minutos en conciliar el sueño y cuando el número de despertares a lo largo de la noche es inferior a ocho.

Pero hay que tener claro que no todas las personas necesitan dormir el mismo número de horas, por tanto, este no es un indicador fiable de la calidad del sueño. Lo más importante es que el sueño resulte reparador, que la persona tenga la sensación de haber descansado adecuadamente y que a lo largo del día sienta que tiene la energía necesaria para afrontar sus actividades cotidianas.

Habría que plantearse si a lo largo del día existen indicadores indirectos de que no estamos durmiendo bien, como irritabilidad, mal humor, fatiga, lapsus de memoria, falta de concentración, sopor o sensación de sueño ante situaciones aburridas o monótonas, etc.

¿Qué puedo hacer si tengo problemas para dormir?

A continuación, describiremos algunas pautas básicas que pueden ayudarte si consideras que tienes problemas para dormir.

- Acuéstate únicamente cuando tengas sueño.
- Usa la cama solo para dormir y para mantener relaciones sexuales. Evita hacer en la cama cualquier otra actividad, como puede ser leer, ver la televisión, comer, discutir con la pareja, pensar en problemas o cosas que debes hacer, etc.
- Prepara tu despertador para que suene a la misma hora todas las mañanas y levántate en cuanto suene la alarma, independientemente del tiempo que hayas dormido durante la noche.
- No duermas durante el día. Si te resulta necesario hacer una siesta, que no sobrepase los quince o veinte minutos.
- No estés constantemente atento a la hora que es, no estés pendiente del reloj, dale la vuelta. Recuerda que mirar el reloj aumenta la frustración y la ansiedad cuando no conseguimos dormirnos.

Si pasados diez minutos desde que te metiste en la cama con la intención de dormir no lo has conseguido, sigue estos pasos:

1. Sal de la cama, levántate y vete a otra habitación. Una vez en esta, intenta realizar una actividad muy aburrida,

o no hagas nada. Mientras esto ocurre, has de pensar en no dormirte, en que has de permanecer despierto y tener los ojos abiertos tanto tiempo como te sea posible.

2. Regresa a tu habitación únicamente cuando vuelvas a tener sueño. Hazlo de manera lenta, sin prisas. La idea es no volver a activarte en este proceso.
3. Si una vez que has regresado a tu cama sigues sin poder dormir tras diez o quince minutos, vuelve a realizar el paso anterior las veces que sea necesario durante la noche. La idea es que aprendamos a asociar la cama con el sueño. Una vez conseguido esto, no tendrás que repetir el paso tan frecuentemente.
4. Si tras quedarte dormido te despiertas durante la noche y durante diez o quince minutos no vuelves a conciliar el sueño, lleva a cabo también los pasos anteriores.

Igualmente, a lo largo del día debemos tener presente:

- Evitar tomar productos estimulantes, como la cafeína, la teína, el chocolate (sí, es un fastidio, pero para muchas personas es un potente estimulante) por la tarde; y evitar el consumo de alcohol antes de intentar dormir. En ocasiones el alcohol puede ayudar a conciliar el sueño, pero facilita el despertar temprano y empeora la calidad del mismo. Con el tabaco ocurre lo mismo, parece que ejerce un efecto relajante, pero la nicotina es un gran activador mental.
- Evitar la actividad física intensa en las tres horas anteriores al momento de intentar dormir. Conviene hacer ejercicio con regularidad, pero hay que evitarlo en las horas más cercanas al momento de irse a dormir. Al contrario, en esas horas más cercanas, es aconsejable realizar

actividades que ayuden a reducir la activación del organismo (por ejemplo, leer o ver la televisión).

- Evitar las comidas y cenas *«pesadas»* (de difícil digestión).
- Reducir el consumo de líquidos después de cenar (para evitar tener que ir al cuarto de baño durante la noche). En todo caso, tomar un vaso de leche caliente (nuestras abuelas tenían razón, pues la leche contiene triptófano y puede ayudar a conciliar el sueño).
- Establecer determinados comportamientos rutinarios que puedan llegar a asociarse con la conducta de dormir (por ejemplo, tomar un baño caliente, beber un vaso de leche, lavarse los dientes, ponerse el pijama, programar el despertador a la hora prevista, practicar algunos ejercicios de relajación, leer un rato y apagar la luz). Esta «rutina» va predisponiendo al organismo para lo que prevé que va a ocurrir después, que es dormir.
- Ten mucho cuidado con los factores ambientales de la habitación en la que duermes. Evita los ruidos que dificulten el sueño o, si no puedes evitarlos, ponte tapones; vigila la temperatura de tu habitación porque los extremos (calor o frío) dificultan tanto la conciliación del sueño como su mantenimiento; evita que entre la luz de la calle o de otras habitaciones; procura, en la medida de lo posible, tener una buena cama y/o colchón y controlar la conducta del compañero/a de cama si esta se comparte.

DEDICA TIEMPO AL OCIO Y A PRACTICAR DEPORTE

Dedicar espacios de nuestra vida al ocio es importante porque cuando sufrimos problemas de ansiedad la consecuencia inmediata es una limitación de nuestra vida. De forma gradual vamos perdiendo fuentes de gratificación porque tenemos miedo o ansiedad ante determinadas situaciones y esto nos lleva, inevitablemente, a tener un bajo estado de ánimo. Por ello es muy importante volver a dedicar tiempo a nuestro ocio a medida que vayamos avanzando en esta guía: buscar nuevas aficiones, conocer a gente nueva o quedar con nuestras amistades de nuevo, volver a leer, bailar, cantar, tocar algún instrumento o cualquier otra actividad que antes nos llenaba de alegría.

Además, incluir el deporte en nuestro día a día es fundamental por la psicoactivación que nos genera la ansiedad. Podemos dirigir el «sobrante de energía» que nos provoca la psicoactivación hacia el deporte para hacer de nuestra respuesta de lucha-huida algo adaptativo y saludable que nos ayudará a gestionar aún más la ansiedad que sufrimos.

Para volver a incluir el deporte y el ocio en tu vida debes aprender a organizar tu tiempo, algo fundamental cuando sufrimos estrés laboral o cuando tenemos preocupaciones excesivas. En la literatura especializada, autores como David H. Barlow proponen cuatro estrategias de organización del tiempo que resultan muy eficaces:

1. **Delega responsabilidades.** Es probable que algunas o muchas de las tareas puedan ser llevadas a cabo por otros miembros de la familia, compañeros de trabajo, subordinados, etc. Las posibles razones que no nos permiten delegar están relacionadas con creencias perfeccionistas, como pensar que los otros no harán el trabajo tan bien como lo haré yo o pensar que me cuesta más explicar cómo hacer algo que hacerlo yo mismo. Otra razón que no nos permite delegar es el miedo al conflicto con los demás cuando hagamos esa delegación. Es absolutamente necesario intentar dejar atrás estos miedos para priorizar nuestra salud psicológica.

2. **Ajústate a los planes previstos.** Implica estructurar tus actividades diarias de modo que puedan llevarse a cabo las más importantes. Esto se puede ver facilitado si has establecido metas diarias y evitas comenzar otras actividades asociadas que son innecesarias o no prioritarias. Por ejemplo, si la actividad prioritaria es repasar un informe u ordenar una habitación, no debes caer en la trampa de repasar otros informes u ordenar toda la casa.
3. **Evita el perfeccionismo.** Es posible que muchas tareas te requieran mucho tiempo o te resulten abrumadoras debido a ese perfeccionismo. Ponerte el listón demasiado alto te hace la vida más difícil. Además, sobra decirlo, pero sabes que todo el mundo comete errores, la mayor perfección que puedas lograr en una tarea no compensa la mayoría de las veces el tiempo y el esfuerzo invertidos y el perfeccionismo suele originar problemas de relación con los demás. Una posible solución es que dediques menos tiempo a una tarea —por ejemplo el 80 % del que sueles dedicar— y aceptes que el resultado no será tan bueno como habrías querido, pero que no merece la pena invertir más esfuerzo en ello.
4. **Aprende a decir *no*** y a rechazar las demandas que puedan surgirte de forma inesperada o que sean desmesuradas por parte de los demás y que te impidan conseguir completar las actividades que tenías planeadas. Es muy probable que no te atrevas a decir que no por miedo a que los demás se puedan enfadar. Tanto en esta estrategia como en la anterior puedes emplear lo que se conoce como la prueba de hipótesis. Por ejemplo, imagina que delegas pequeñas tareas en tus compañeros de trabajo o en miembros de tu familia para poner a prueba tus predicciones del tipo: «Mi trabajo será de peor calidad», «Me cuesta más tiempo explicarlo que hacerlo»,

«Pensarán que estoy rehuyendo mis responsabilidades» o «Los otros se enfadarán». Este apartado es importante y lo explicamos de forma más detallada un poquito más adelante ya que forma parte de una habilidad social llamada asertividad y también nos puede servir como parte del aprendizaje de las habilidades sociales necesarias si nuestra ansiedad es como la que mostraba Juan, nuestro protagonista del capítulo de la ansiedad social.

Es importante puntualizar que el establecimiento de metas implica establecer tus prioridades y programar las actividades de acuerdo con ellas. Las actividades de cada día pueden ser clasificadas en tres categorías distintas:

- Actividades A: son aquellas actividades que consideramos prioritarias; deben realizarse el mismo día sin falta.
- Actividades B: son actividades muy importantes; deben realizarse lo antes posible, pero no necesariamente ese mismo día.
- Actividades C: son actividades importantes; deben llevarse a cabo, pero no necesariamente muy pronto.

Posteriormente sería ideal asignarles un tiempo suficiente y adecuado a cada una de estas actividades. Este tiempo puede ser hasta el doble del que consideras necesario en un primer momento, sobre todo si tiendes a hacer las cosas apresuradamente o tienes expectativas poco realistas del tiempo que necesitas para hacer cada cosa.

El siguiente paso es que seas capaz de programarte unos horarios para las distintas actividades. Si crees que hacer esto es algo que te restringe demasiado o lo ves poco factible, puedes hacer una lista con tres columnas en las que anotes las actividades A, B y C para ese día e irlas tachando cuando las vayas completando. Es importante que no tengas prisa, que no pases de una actividad a otra rápidamente y sin descansos; ten en cuenta y respeta tus momentos para descansar y relajarte.

CUIDA TU ALIMENTACIÓN

¿Quién no está más irritable cuando tiene hambre? Cuidar nuestra dieta es muy importante porque muchas veces se nos olvida que nuestra fuente de energía principal es la alimentación. Debemos regular de una manera estable lo que ingerimos para no tener picos de sensaciones desagradables. A través de una buena alimentación podemos gestionar adecuadamente estos desequilibrios. Si tienes problemas en este ámbito, lo ideal es acudir a un profesional de la nutrición que te pueda orientar y enseñar buenos hábitos de conducta alimentaria.

IDEAS CLAVE DE ESTE CAPÍTULO

- Hay cinco pilares básicos que forman parte del aprendizaje para gestionar la ansiedad: dormir lo suficiente y bien (si tienes problemas con ello, te hemos dejado pautas de higiene del sueño), alimentarse de forma adecuada, hacer deporte, dedicar tiempo al ocio y practicar estrategias de relajación y respiración.
- Las estrategias de relajación son procedimientos que se pueden aprender y nos ayudan a reducir la activación fisiológica que tenemos a lo largo del día. En general, no se deben usar para reducir la ansiedad en el momento en el que la experimentamos porque en ese caso las estaríamos utilizando como conductas defensivas (jinete del Apocalipsis).

Capítulo

12

ESTRATEGIAS DE GESTIÓN EMOCIONAL PARA SENTIRSE LIBRE

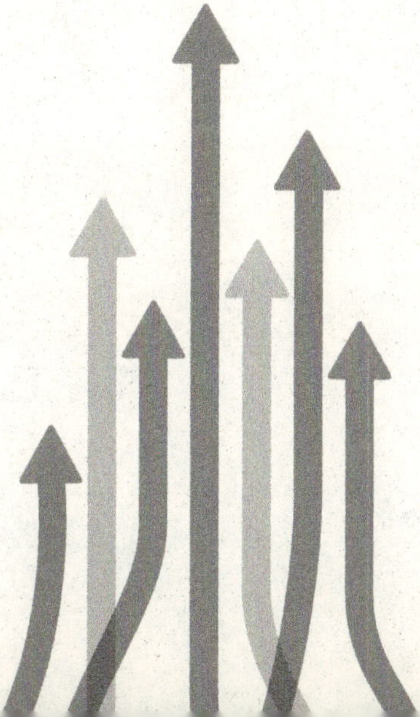

Al final lo que intentamos hacer con la implementación de estas estrategias generales en tu vida es un cambio estructural de la misma. A lo largo de este libro hemos hecho mucho hincapié en una intervención sintomática de la ansiedad —abordando tu malestar, identificándolo y entendiendo cómo se manifiestan los síntomas— y hemos aprendido técnicas, estrategias y habilidades para gestionarla con el fin último de que esta reducción te permita volver a sentirte libre y empieces a recuperar tu vida tal como te gustaría. Esto es fundamental, pero no nos podemos quedar ahí, debemos aprender algunas competencias para hacer los adecuados y necesarios cambios estructurales en tu vida, es decir, cambio o incorporación de hábitos y formas de comportarte que te ayuden a estar mejor y a sentirte más estable. Estas estrategias generales buscan esos cambios estructurales aprendiendo, como hemos visto en el capítulo anterior, a cuidar mejor nuestro sueño y descanso, a incorporar el preciado ocio en nuestra ajetreada vida, a hacer más deporte, que nos ayudará a minimizar o reducir los momentos de ansiedad o estrés, o a ser capaces de delegar para no acumular trabajo, presión y estrés. En este último capítulo nos gustaría enseñarte dos estrategias fundamentales que te ayudarán en tu día a día a minimizar el impacto de los estresores cotidianos: asertividad y tolerancia a la frustración.

APRENDER A DECIR «NO». LA IMPORTANCIA DE SER UNA PERSONA ASERTIVA

Prueba a decir «no». Inténtalo, dilo una vez más: «No». Parece fácil, ¿verdad? Son solo dos letras, pero para algunas personas en determinadas situaciones estas dos letras son muy difíciles de pronunciar. Las personas que consideramos socialmente hábiles, con buenas habilidades sociales, buscan su propio interés, pero también tienen en cuenta los intereses y sentimientos de los demás. Cuando entran en conflicto tratan de encontrar, en la medida de lo posible, soluciones satisfactorias para todas las partes.

Dentro de estas habilidades sociales la asertividad ocupa un papel fundamental. La asertividad es una forma o estilo de comunicación que consiste en que toda persona posee derechos básicos o derechos asertivos y hay que defenderlos, respetando los mismos derechos de los demás.

Una persona asertiva es aquella capaz de expresar sus opiniones, pensamientos o emociones y realizar críticas y/o sugerencias de forma honesta y situándose en un punto intermedio entre otras dos conductas de comunicación polares: la pasividad (permitir que terceras personas decidan por nosotros, o pasen por alto nuestros derechos) y la agresividad (cuando no somos capaces de ser objetivos y respetar las ideas de los demás y queremos imponer las nuestras).

El respeto como principal pilar

En la comunicación lo más importante es el respeto a uno mismo y al otro. La asertividad se basa en el respeto y la libertad para expresar, sentir y pensar lo que queramos, así como también en el respeto a la libertad que los demás tienen de hacer lo mismo.

Cuando en situaciones personales, en el ámbito familiar o en el trabajo se nos piden cosas que no podemos hacer, que no tenemos o que no queremos realizar, tenemos que saber decir «no». Tenemos que saber respetar nuestra opinión y defenderla delante de los otros. Si no lo hacemos, puede que nos sintamos obligados o forzados a hacer algo y esto a corto o largo plazo nos creará algún tipo de malestar.

Las personas a las que le cuesta decir «no», que muestran una conducta no asertiva, tienen la tendencia de anteponer la opinión, los gustos o las necesidades de los demás por encima de la propia. Esto puede conllevar a autocastigarse con autoverbalizaciones en las que se recriminan a sí mismas por haber «cedido» o haber dicho que «sí» y la incomodidad consecuente a eso (impacto negativo tanto en su autoconcepto como en su autoestima).

La otra cara de la moneda: conductas no asertivas

Consisten en guardar o esconder los propios sentimientos, en inhibirlos, en negar su expresión. La persona no asertiva siente temor o vergüenza de expresar sus verdaderas opiniones. Con demasiada frecuencia deja de hacer cosas que quería hacer y acepta hacer cosas que no deseaba hacer: termina sintiéndose molesta consigo misma y cada vez más resentida con los que la rodean. Es frecuente escucharles decir algo parecido a esto: «O me dejo convencer muy rápido o termino aceptando cosas que no me parecen bien, nada más por no meterme en problemas», «Me cuesta mucho trabajo decir no», «Si me piden algo que no quiero hacer, me suelo inventar excusas», «Cuando el profesor preguntó si había dudas o comentarios, yo quería levantar la mano y decir muchas cosas, pero no me atreví».

La incapacidad para defender los derechos o para expresar sentimientos y opiniones produce un estado de psicoactivación o excitación fisiológica que deja a la persona tensa e incómoda.

Si las situaciones se repiten, la incomodidad parece acumularse de tal manera que llega un momento en que las personas no asertivas ya no resisten más y explotan en un episodio agresivo. Esta alternancia de muchos episodios no asertivos de carácter sumiso con brotes ocasionales de agresión es una experiencia común y desagradable que con el paso del tiempo hacen creer a la persona que la sufre que es incapaz de relacionarse adecuadamente con los demás.

Los individuos poco asertivos experimentan sentimientos de aislamiento, autoestima frágil, tristeza, temor y ansiedad en las situaciones interpersonales. También suelen sentirse rechazados o utilizados por los demás y, a menudo, tienen problemas psicosomáticos, como dolores de cabeza o alteraciones digestivas.

Consecuencias de no saber decir «no»

Las consecuencias de no saber decir «no» suelen manifestarse a través de dos conductas diferentes: la inhibición y la agresividad.

La inhibición es un comportamiento caracterizado por la sumisión, la pasividad, el retraimiento y la tendencia a adaptarse excesivamente a las reglas externas o a los deseos de los demás sin tener suficientemente en cuenta los propios intereses, sentimientos, derechos, opiniones y deseos. Las personas que actúan con inhibición:

- No expresan adecuadamente lo que sienten y quieren; esperan que los demás lo adivinen, y se sienten mal cuando necesitan algo y los otros no les responden como desean.

- No se atreven a rechazar peticiones porque creen que los demás tienen razón o por temor a que estos se ofendan.
- Se dejan dominar por los demás porque creen que tienen razón o por temor a que se ofendan.
- Permiten que otros los involucren en situaciones que no son de su agrado.
- Suelen callar o hablar con voz baja e insegura, mostrarse nerviosas y evitar el contacto ocular, mostrando así su incomodidad al relacionarse con otras personas.
- Piensan que necesitan ser apreciadas por otros y creen que, si dejan de mostrarse sumisas, no obtendrán la aprobación de los demás, sin la cual se derrumba su frágil autoestima.
- No se atreven a defender sus derechos porque no se respetan lo suficiente a sí mismos y tienden a creer que los derechos de los demás son más importantes que los suyos.
- Se sienten obligados a dar demasiadas explicaciones acerca de lo que hacen o no hacen.
- Temen expresar sus sentimientos y deseos. En ocasiones, están tan acostumbradas a reprimirlos que no llegan a darse cuenta de ellos.
- No afrontan los conflictos.
- No se sienten dueñas de sus sentimientos, experimentando de vez en cuando «explosiones emocionales» que escapan a su control.
- Les molesta ser dependientes de otras personas, pero no se atreven a romper esa dependencia.
- Adaptan excesivamente su comportamiento a las reglas y a los caprichos de otras personas y a lo que creen que los demás esperan de ellas.

La agresividad, por otro lado, es la conducta opuesta a la inhibición, aunque también se considera como no-asertiva. Consiste en no respetar los derechos, sentimientos e intereses de los demás y, en su forma más extrema, incluye conductas para ofender, provocar o atacar. Puede ser física, aunque frecuentemente es verbal. Está estrechamente relacionada con la ira.

Tanto la inhibición como la agresividad son el resultado de la falta de asertividad, es decir, de no saber expresar y defender nuestros derechos de forma adecuada.

¿Qué debo trabajar para aprender a decir «no»?

La respuesta gira en torno a las habilidades sociales, que no son otra cosa que las capacidades o destrezas sociales específicas requeridas para ejecutar de manera competente una tarea interpersonal.

En definitiva, un conjunto de conductas aprendidas, como, por ejemplo: decir que no, hacer una petición, responder a un saludo, manejar un problema con un amigo, empatizar o ponerte en el lugar de otra persona, hacer peguntas, expresar tristeza, decir cosas agradables y positivas a los demás. Así, la asertividad es un concepto restringido, un área muy importante que se integra dentro del concepto más amplio de habilidades sociales. La conducta asertiva es el «estilo» con el que interactuamos.

Mantener relaciones adecuadas nos aportará:

- Eficacia para alcanzar los objetivos de la respuesta.
- Eficacia para mantener o mejorar la relación con la otra persona en la interacción.
- Eficacia para mantener la autoestima de la persona socialmente habilidosa.

Hay que tener en cuenta que estos objetivos varían con el tiempo, las situaciones y los actores implicados. Cuando un cliente intenta devolver una mercancía defectuosa a una tienda, la eficacia en el objetivo (conseguir que le cambien el objeto o le devuelvan el dinero) puede ser más importante que la eficacia de la relación (mantener una relación positiva con el encargado de la tienda). Al tratar de convencer a un amigo para que vaya a ver una película determinada, la eficacia en la relación (el mantener la relación íntima) puede ser más importante que el objetivo (conseguir que el amigo vaya al cine).

¿Qué me aportará tener una conducta asertiva?

Como hemos comentado anteriormente, la conducta asertiva es la capacidad para defender los derechos propios sin pasar por encima de los derechos de los demás. Es una forma de decir a los otros: esto soy, esto siento, esto pienso, en esto creo y así me comporto. Es comunicar a los demás que somos sus semejantes: me respeto y te respeto, respeto tus derechos y espero que tú hagas lo mismo conmigo. Ser cada día más asertivos o autoafirmativos nos capacita para reducir la ansiedad y desarrollar nuestras habilidades sociales: fortalece nuestra relación con el prójimo. Nos permite reconocernos como seres humanos dignos de respeto, dotados de emociones, necesidades y pensamientos que no tienen por qué ser sometidos a las necesidades, pensamientos o sentimientos de los demás.

Cuando nos comportamos asertivamente podemos:

- Iniciar, mantener o finalizar conversaciones con quien se nos antoje.
- Ser capaces de expresar sentimientos, tanto positivos como negativos, sin ansiedad perturbadora.

- Dar y recibir elogios o demostraciones de afecto fácilmente.
- Manifestar con libertad nuestro acuerdo o nuestro desacuerdo.
- Aproximarnos a los demás.
- Protegernos cuando alguien quiere aprovecharse de nosotros.

Al hablar de personas asertivas o no asertivas conviene tener en cuenta que nadie lo es totalmente. Se trata de habilidades o actitudes que podemos adoptar de manera más o menos habitual y que también dependen de las situaciones o las personas con quienes nos relacionamos (podemos ser asertivos en unas situaciones, pero no en otras), tal y como hemos comentado anteriormente.

¿Cómo le digo «no» a un amigo? Recomendaciones básicas

En muchas ocasiones nos encontramos en situaciones en las que debemos dar un «no» por respuesta. ¿Quién no se ha encontrado con el amigo caradura que siempre pide dinero, con el compañero de trabajo que pide un cambio de turno o con alguien que siempre quiere que le lleves en coche porque por costumbre pierde el autobús y no llega a tiempo?

Imaginemos que un amigo, el más popular del grupo, nos dice que le prestemos dinero porque tiene un problema familiar. No es la primera vez que nos pide ese favor, y siempre le hemos dicho que sí. El problema es que nunca nos lo devuelve y tenemos claro que no se lo vamos a prestar. Analicemos las siguientes técnicas:

1. Escuchar con atención lo que pide la otra persona y preguntar si nos queda alguna duda. Por ejemplo: «Me

estás pidiendo dinero porque dices que tienes un problema familiar, ¿podrías ser más concreto y detallarme el problema?».

2. Pensar con tranquilidad cuál va a ser la respuesta teniendo en cuenta las consecuencias sin olvidar que tenemos derecho a decidir. Por ejemplo: «Seguramente se va a enfadar conmigo si le digo que no, pero no quiero prestarle el dinero porque ya lo he hecho anteriormente y nunca me lo devuelve».
3. Analizar los sentimientos que provoca la situación y aceptarlos. Por ejemplo: «Me siento triste y rabioso a la vez por tener que decirle que no; seguramente no me invitará a la cena del próximo sábado».
4. Expresar la negativa de forma asertiva, siendo claros y amables al rechazar la petición sin muchas explicaciones. Por ejemplo: «Me encantaría poder prestarte dinero, ya sabes que lo he hecho en otras ocasiones, pero este mes tengo muchos gastos y no podré dejarte nada».

Cuando dices SÍ a otras personas, asegúrate de que no te estás diciendo NO a ti mismo.

APRENDER A MANEJAR LA BAJA TOLERANCIA A LA FRUSTRACIÓN

La frustración nos invade cuando evaluamos como imposible conseguir algo que deseamos en el momento en el que lo anhelamos. Cuando una situación nos frustra sentimos ira y/o ansiedad. Todos nos hemos sentido frustrados en un momento u otro de nuestras vidas. Y aunque este sentimiento no se puede eliminar por completo, sí que podemos aprender a manejarlo mejor y sufrir menos cuando se apodere de nosotros.

La baja tolerancia a la frustración se asocia con problemas de ansiedad o incluso problemas emocionales, como el bajo estado de ánimo. Pero también con problemas relacionados con la dificultad en el control de los impulsos, como, por ejemplo, las adicciones, la ludopatía, las autolesiones y las compras compulsivas, entre otras. Por ello es muy importante aprender y enseñar a manejarla.

Se suele decir que una persona tiene baja tolerancia a la frustración cuando en múltiples ocasiones y situaciones responde con ese sentimiento de tristeza, decepción y desilusión que una imposibilidad provoca.

Es más probable responder de esta forma si vivimos inmersos en culturas que se definen por su inmediatez y nuestra incapacidad de espera.

Esta característica personal puede tener su origen en la infancia debido a unos padres que brindan a sus hijos todo lo que solicitan sin que estos se esfuercen por conseguirlo. De esta manera, difícilmente aprendemos a solucionar problemas y nos irritamos cuando no conseguimos nuestros objetivos. Muchas veces, con la creencia de que la vida es fácil y placentera, abandonamos nuestros proyectos personales o ciertas situaciones por evitar la angustia que nos genera y no saber cómo manejarla.

¿Qué características presenta una persona con baja tolerancia a la frustración?

- Son personas que creen que tienen que obtener todo aquello que quieren y suelen exigirlo para satisfacer sus deseos.
- Suelen confundir deseos con necesidades.
- Para estas personas una dificultad o un fracaso es algo demasiado horrible para soportarlo.
- Son poco flexibles y les cuesta adaptarse a nuevas situaciones.

- Ven las cosas en su extremo (son de blancos o negros).
- Se desmotivan fácilmente y abandonan proyectos con facilidad.
- Son impulsivas, impacientes y exigentes.
- Tienen dificultades en la gestión de sus emociones.

¿Cómo manejar la frustración?

Las sensaciones y los pensamientos que acontecen cuando sentimos frustración son muy intensos y generan malestar. La sensación de frustración no es agradable, pero es soportable. Ante una situación que nos genera frustración es importante que no nos centremos en la emoción y que no nos dejemos llevar por ella.

Para lograrlo es clave que aprendas a reconocer cuándo y ante qué situaciones te sientes frustrado. Puedes llevar un diario (en consulta solemos llamarlo autorregistro) que te permita recoger información sobre el día en el que sucede, la situación que provoca la frustración, qué piensas ante esa situación, qué sientes y la intensidad de tus sentimientos, así como tu respuesta ante esa situación.

Este diario, además, puede ayudarte a diferenciar lo que realmente es una necesidad de lo que es un deseo y hacer más llevadero el manejo de esta desagradable sensación.

Darte un momento de pausa te permitirá analizar la situación y buscar alternativas para hacerle frente. La búsqueda activa de soluciones alternativas y su puesta en práctica te ayudará a manejar la frustración con éxito.

VIVIR DE ACUERDO CON LOS PROPIOS VALORES

Todas las personas queremos sentir que nuestra vida es valiosa, queremos vivir una vida que merezca ser vivida, que tenga valor. Pero ¿sabrías definir lo que es un valor? Un valor es un principio, virtud o cualidad que te caracteriza como persona y sirve de guía, motor e impulso para tu conducta futura. A veces, tendemos a confundirlos con objetivos. Pero estos últimos son el fin que deseamos conseguir, la meta que pretendemos lograr. Los valores bien definidos y orientados nos impulsan a tomar decisiones adecuadas en nuestra vida.

Si te imaginas un velero, tus valores son la dirección hacia donde pones el timón (norte, sur, este, oeste), y los objetivos son los distintos lugares o puertos en los que puedes pararte cuando tomas la dirección que te marca el valor. Es importante no confundir objetivos con valores porque, si lo hacemos, dejamos de navegar, nos detenemos, perdemos el sentido. Es cuando la gente comenta «tengo una crisis vital». Por ejemplo, no es lo mismo querer «ser médico» que «ayudar a los demás». Si alguien que empieza a estudiar tiene como valor «ser médico», llegará un momento que puede conseguirlo mediante la finalización de estudios o el título porque ha confundido un objetivo que puede alcanzar —«ser médico»— con un valor, algo que nunca llegamos realmente a alcanzar porque siempre podemos hacer algo más dentro de esa elección de «ayudar a los demás». Piensa en las implicaciones que eso puede tener. Cuando una persona confunde objetivo con valor puede sentirse confusa, e incluso triste, cuando logra el objetivo. En el ejemplo que hemos puesto, la persona que confunde el objetivo de «ser médico» con el valor de «ayudar a las personas» puede que cuando consiga su objetivo y sea médico se sienta inmovilizado y piense «¿y ahora qué?». Pero todavía será peor si no consigue ser médico porque pensará que esa es la única forma de realizarse. Una persona cuyo valor es «ayudar a los demás» puede tener como uno de sus objetivos «ser médico». En ese caso, si lo consigue, será un o una profesional de los que llamamos de «vocación», que hará su trabajo con dedicación, amabilidad, empatía, que amará su trabajo a pesar de las adversidades.

Pero si por el contrario y por las razones que sea no consigue su objetivo de «ser médico», seguirá teniendo su valor de «querer ayudar a los demás» y esto la motivará e impulsará a conseguir otros objetivos para mantener de esa dirección vital de «ayudar a los demás» día a día. Podría dedicarse a estudiar otra cosa: enfermería o auxiliar, o incluso centrar energía de su vida en cuidar de sus seres queridos o de los demás de infinitas formas que no coarten esa disposición y, por tanto, no paren su vida.

Te proponemos un ejercicio. Coge papel y boli. Enumera tus valores desde el más importante al menos importante y define cada uno de ellos en conductas concretas. Por ejemplo: «Ser buen padre» o «Ser buena madre». La definición de buena madre o buen padre en conductas concretas podría ser: pasar x horas al día jugando con mi hija, darle comidas variadas y saludables, hablarle en un tono suave, darle besos y abrazos a diario, etc. Ahora evalúa de forma realista cuántas de esas conductas realizas a diario. ¿Estás viviendo de acuerdo con tus valores? La consecuencia directa de no hacerlo puede provocarnos las famosas «crisis de edad», que suelen ir acompañadas de síntomas de ansiedad, preocupaciones y estado de ánimo bajo.

Si logras, a través de todas estas líneas, vivir más tiempo en el presente y actuar diariamente según tus valores, conseguirás reducir la ansiedad y la preocupación y fomentar estados afectivos agradables. Esto por sí mismo será un refuerzo muy importante para ti y contribuirá aún más a reducir tus problemas de ansiedad.

IDEA CLAVE DE ESTE CAPÍTULO:

- También es importante para gestionar la ansiedad y dejar de sufrir por ella aprender a decir que no, aprender a manejar la frustración y ser capaces de identificar nuestros valores para poder vivir de acuerdo con ellos.

EPÍLOGO

Esperamos que, si has llegado hasta aquí y has ido siguiendo las recomendaciones de esta guía, probablemente, te encuentres mucho mejor. Tómate un momento ahora para hacer un repaso de todo el conocimiento que has adquirido a lo largo de este tiempo. Repasa también todas las habilidades nuevas que ahora tienes en tu repertorio y forman parte de ti. Ahora que las tienes en mente, recuerda que es muy importante seguir practicando estas habilidades para que las integres en tu repertorio de conductas y las vayas automatizando, aun cuando las cosas se pongan difíciles. Felicítate y recompénsate por todos los logros que has ido consiguiendo.

Es inevitable que vuelvas a experimentar ansiedad; la vida es dinámica, los contextos, las situaciones y las personas están continuamente cambiando, a veces de forma sutil y otras de forma drástica, y esto puede que te provoque esa respuesta de lucha-huida. Recuerda que es una reacción normal ante situaciones que pueden ser estresantes, como, por ejemplo, problemas interpersonales, pérdidas de personas importantes, rupturas de pareja, cambios laborales, etc. Debes esperar que aumente la ansiedad en estos momentos, es inevitable. Ahora bien, cuando la experimentes recuerda todo lo aprendido y ponlo en marcha cuanto antes para que estos momentos difíciles que nos depara la vida se queden en contratiempos, es decir, fluctuaciones normales de la ansiedad. Si no pones en marcha tus estrategias y habilidades, corres el riesgo de sufrir una recaída, una vuelta al estado anterior que tenías antes de empezar a leer esta guía.

Y no dejes que te engañen. No existe medicamento o tratamiento alguno que evite que sientas ansiedad antes de una charla importante, que te resulte estresante el hecho de compaginar la paternidad o maternidad con tu trabajo o que te genere ansiedad un conflicto familiar. Acepta el sufrimiento como parte de tu vida, la infelicidad como algo normal y la angustia como una reacción indefectible. Si consigues vivir con ello, paradójicamente serás feliz (sea lo que sea lo que esto signifique para ti) en una proporción de tiempo mayor que el resto de las personas que se esfuerzan en no sufrir.

Ahora que llegamos al final, te proponemos que escribas en un sitio que tengas a mano metas que te permitan seguir progresando. Y, por supuesto, que vuelvas a esta guía siempre que lo necesites. Queremos estar a tu lado siempre.

¡Enhorabuena por tus logros! Aprender a gestionar la ansiedad no es fácil y supone mucho esfuerzo. Aprender a vivir con ella sin que te limite, sin que te haga sufrir, es la clave de toda esta historia y parece que lo estás consiguiendo. No te pares, sigue caminando, marca tu rumbo usando tus valores y sigue adelante. Así harás de tu viaje una experiencia increíble.

BIBLIOGRAFÍA

American Psychiatric Association (2013). *Diagnostic and statistical manual of mental disorders* (5.ª ed.). Washington. (trad. cast.: *Dsm-5. Manual diagnóstico y estadístico de los trastornos mentales*, Editorial Médica Panamericana, 2014.)

Bados López, A. (2015). «Fobia social: Naturaleza, evaluación y tratamiento», en Camilli y Rodríguez (2008), «Fobia social y terapia cognitivo-conductual: definición, evaluación y tratamiento», *Anales de la universidad metropolitana*, 8 (1), 115-137.

Bados, A. (2005). «Trastorno de pánico y agorafobia», en J.M. Farré y M.A. Fullana (coords.), *Recomendaciones terapéuticas en terapia cognitivo-conductual* (págs. 35-46), Barcelona: Ars Médica.

Bados, A. (2006). *Tratando... pánico y agorafobia*, Madrid: Pirámide.

Barbosa, E., Borda, M. y Del Río, C. (2003). «Eficacia de la exposición cognitiva y la exposición a las sensaciones interoceptivas en una paciente con trastorno de pánico con agorafobia», *Análisis y Modificación de Conducta*, 29, 739-792.

Barlow, D.H. (2002). *Anxiety and its disorders: The nature and treatment of anxiety and panic* (2.ª ed.), Nueva York: Guilford.

Barlow, D.H., Farchione, T.J., Fairholme, C.P., Ellard, K.K., Boisseau, C.L., Allen, L.B., y Ehrenreich-May, J. (2011b). *Unified protocol for transdiagnostic treatment of emotional disorders: Therapist guide*, Londres: Oxford University Press.

Barlow, D.H., Farchione, T.J., Fairholme, C.P., Ellard, K.K., Boisseau, C.L., Allen, L.B., y Ehrenreich-May, J. (2015). *Protocolo unificado para el tratamiento transdiagnóstico de los trastornos emocionales*, Madrid: Alianza Editorial.

Bartolomé, E. (2006). *Educación emocional en 20 lecciones*. Barcelona: Paidós.

Bernaldo-de-Quirós, M., Estupiñá, F. J., Labrador, F. J., Fernández-Aria, I., Gómez, L., Blanco, C., y Alonso, P. (2012). «Diferencias sociodemográficas, clínicas y de resultados del tratamiento entre los trastornos de ansiedad», *Psicothema*, 24(3), 396-401.

Byung-Chul, H. (2014). *Psicopolítica*. Barcelona: Herder.

Byung-Chul, H.(2017). *La sociedad del cansancio*. Barcelona: Herder.

Camilli y Rodríguez (2008). «Fobia social y terapia cognitivo-conductual: definición, evaluación y tratamiento», *Anales de la universidad metropolitana*. 8 (1), págs. 115-137.

Castanyer, O., y Ortega, E. (2010). *¿Por qué no logro ser asertivo?* Bilbao: Desclee de Bouwer.

Clark, D. A., y Beck, A. (2010). *Cognitive therapy of anxiety disorders: Science and practice*, Nueva York: Guilford.

Clementi, M. A., y Alfano, C. A. (2014). «Targeted behavioral therapy for childhood generalized anxiety disorder: A time-series analysis of changes in anxiety and sleep», *Journal of Anxiety Disorders*, 28, págs. 215-222.

Craske, M. G., y Mystkoswki, J. L. (2006). «Exposure therapy and extinction: Clinical studies», en M.G. Craske, D. Hermans y D. Vansteenwegen (eds.), *Fear and learning: From basic processes to clinical implications*, Washington, D.C.: American Psychological Association.

De Rivera, L. (2010). *Los síndromes del estrés*. Madrid: Síntesis.

Echeburúa, E. (1993a). *Evaluación y tratamiento psicológico de los trastornos de ansiedad*. Madrid: Fundación Universidad-Empresa.

García Morilla, S., Bados, A., y Saldaña C. (2012). «Tratamiento cognitivo conductual de una persona con ansiedad generalizada». *Anuario de Psicología* 2012, vol. 42, n.° 2, págs. 245-258.

Hartmut R. (2018). *Lo indisponible*. Barcelona: Herder.

Hartmut R. (2019). *Resonancia. Una solución de la relación con el mundo*. Buenos Aires: Katz.

Hayes, S. C., Strosahl, K. D., y Wilson, K. G. (1999). *Acceptance and commitment therapy: An experimental approach to behavior change*. Nueva York: Guilford.

Kahneman, D., Slovic, P., y Tversky, A. (1982). *Judgment under uncertainty: Heuristics and biases*, Cambridge University Press.

Kandel, E. (2019). *La nueva biología de la mente*. Barcelona: Paidós.

Kruger, J., Dunning, D. (1999). «Unskilled and Unaware of It: How Difficulties in Recognizing One's Own Incompetence Lead to Inflated Self-Assessments», *Journal of Personality and Social Psychology* 77 (6). 10626367, págs. 1121-1134.

Manera, J. J. S. (2015). «Exposición y prevención de respuesta en el caso de una joven con trastorno obsesivo-compulsivo», *Revista de Psicología Clínica con Niños y Adolescentes*, 2(1), págs. 75-81.

Organización Mundial de la Salud (1992). *CIE-10: Trastornos mentales y del comportamiento*. Madrid: Meditor.

Seligman, M. E. P. (1990). *Learned Optimism*. Nueva York: Knopf.

Stewart, R., y Chambless, D. (2009). «Cognitive-behavioral therapy for adult anxiety disorders in clinical practice: A meta-analysis of effectiveness studies», *Journal of Consulting and Clinical Psychology*, 77, págs. 595-606.

Simon, H.A. (1955). «A behavioral model of rational choice», *The Quarterly Journal of Economics*, 69(1), págs. 99-118. doi 10.2307/1884852

Wilson, K. G., y Luciano, M. C. (2002). *Terapia de Aceptación y Compromiso*. Madrid: Pirámide.

